家校言语沟通的
逻辑与艺术

杜　萍◇著

重庆大学出版社

图书在版编目（CIP）数据

家校言语沟通的逻辑与艺术 / 杜萍著. -- 重庆：
重庆大学出版社，2024.2
ISBN 978-7-5689-4350-5

Ⅰ.①家⋯　Ⅱ.①杜⋯　Ⅲ.①学校教育－合作－家庭
教育－语言艺术－研究　Ⅳ.①G459

中国国家版本馆 CIP 数据核字 (2024) 第015573号

家校言语沟通的逻辑与艺术
JIAXIAO YANYU GOUTONG DE LUOJI YU YISHU

杜　萍　著
策划编辑：唐启秀
责任编辑：唐启秀　　版式设计：唐启秀
责任校对：刘志刚　　责任印制：张　策
*
重庆大学出版社出版发行
出版人：陈晓阳
社址：重庆市沙坪坝区大学城西路 21 号
邮编：401331
电话：（023）88617190　88617185（中小学）
传真：（023）88617186　88617166
网址：http://www.cqup.com.cn
邮箱：fxk@cqup.com.cn（营销中心）
全国新华书店经销
重庆市国丰印务有限责任公司印刷
*
开本：720mm×1020mm　1/16　印张：13　字数：235 千
2024 年 2 月第 1 版　　2024 年 2 月第 1 次印刷
ISBN 978-7-5689-4350-5　定价：45.00 元

前　言

　　斯蒂芬·P.罗宾斯认为，沟通就是"意义的传递和理解"。言语沟通是指研究人类在不同场景下，使用言语和非言语的手段，相互交流和沟通的性质、过程和效果的学问[①]。家校言语沟通是指中小学教师通过口头语言、非言语辅助手段及书面语言，实现与家长分享信息、交流思想和情感互动等活动的语言互动行为。

　　近年来，国家出台的一系列教育文件都强调了要加强家校协同共育的研究与改革实践的推进。2021年颁布的《中华人民共和国家庭教育促进法》明确了建设新时代家校社协同共育新格局的蓝图，家校合作已经成了新时代教育改革的重点和热点议题。2023年1月教育部等十三个部门发布的《关于健全学校家庭社会协同育人机制的意见》明确指出：学校充分发挥协同育人主导作用，家长切实履行家庭教育主体责任。学校里的教师是家校合作的中坚力量，教师与家长的沟通直接影响着家校关系的建构和家校合作的质量。家校沟通已经成为新时代教育领域内的重要研究课题。以往的研究多集中在家校沟通的政策、理念、制度和方式上，聚焦在言语沟通上的研究成果不多。本书以教育学、社会学、沟通学、礼仪学等多元理论为视角，从理论研究、教师实务、学校实务三部分进行归纳表述，就中小幼教师与校长（园长）关心的教师口语、教师书面语言、班级微信、家委会、学校微信公众号、学校开放日等家校沟通活动进行了探讨与分析，提出了一些原创性的观点，期待能对教师言语表达沟通的理论研究与实践指导尽绵薄之力。

　　本书可以作为教育部相关部门、教师人力资源管理部门以及地方教育主管部门在决策时的参考资料，可以服务于中小学教师教育能力提升有关政策

---

① 吕行.言语沟通学概论[M].北京：清华大学出版社，2009.

制定的科研依据与咨询，可为地方教育行政部门、中小学国培、地方培训、校本培训提供新的、具体的教育内容及实践指导。

本书是在重庆市教委人文社会科学研究项目"教师与家长言语沟通的多元理论与策略建构研究（20SKGH042）"的成果基础上撰写完成的。本书的撰稿人员如下。第一章：杜萍、韦清娅，第二章：谢维、刘思雨、邓杰、郑丁玥，第三章：杜萍、贺蝶，第四章：杜萍、袁倩倩，第五章：杜萍、李知燕、刘江涛，第六章：杜萍、古兴悦、徐进，第七章：杜萍、刘晓璇，第八章：杜萍、陈娟，附录中的小学生劳动素养家校共育个案，由辜夕洋执笔。全部内容由杜萍修改审定。除笔者之外的撰稿人员都是本人的硕士研究生，他们在校期间勤奋努力，积极参与该课题的研究，按照设计思路与提纲要求查询资料，多次进行集体研讨，按照拟定的标题及修改意见反复修改，同时提出自己的思考与见解。本书个别内容还借鉴了同学们硕士学位论文的部分成果。特别鸣谢韦清娅、贺蝶两位同学协助笔者组织与协调本书的撰写工作。"直须看尽洛城花，始共春风容易别"，本书的出版是我们师生情谊的最佳见证。衷心感谢学生们，他们的参与与智慧带来了研究的活力和动力，他们的进步与成长让笔者由衷地欢欣！

由于研究水平有限，本书定有许多瑕疵。学术需要交流，交流使人进步，欢迎大家批评赐教，不胜感谢！

2023 年 6 月于师大园

Contents

目　录

第三篇 学校实务篇

第一篇

理论研究篇

第一章
教师言语沟通的基本理论

在每一个孩子的成长过程中，良好的教育都离不开家庭和学校。学校需要家长的支持，同样，家长也需要学校的教育指导，家庭教育与学校教育在一个孩子的成长中起着决定性的作用。教师言语沟通是教师与学生、家长、同事进行沟通交流的主要途径，家校言语沟通是教师与家长之间进行交流的重要渠道。教师为了让学生有更好的成长进步，必须努力建立与家长的伙伴关系，不断提高自身素养，以便有效地与家长进行沟通。本章主要对家校言语沟通进行概念界定，并阐明家校言语沟通的基本认知与理论，诠释家校言语沟通的教育意蕴及如何养成教师良好的沟通素质。

第一节 家校言语沟通的概述

一、家校言语沟通的定义

（一）言语

现代语言学奠基人索绪尔在《普通语言学教程》中认为，言语是个人的表达意志与智能的行为，是个人运用一定的语言规则表达个人意愿与思想的体现，具有个性化的色彩。

（二）沟通

沟通有丰富的内涵，不同领域赋予沟通不同的内涵、特殊的含义。"沟"原指水道，后来延伸为一种联系的渠道；"通"是一种通畅、没有阻碍的状态。所以"沟通"是指通过各种方式联系，从而达到双方交流没有阻碍的一种状态。沟通是人类社会最基本的社会交往方式。从狭义上来说，沟通是人与人之间、人与群体之间思想与感情的传递和反馈过程，以求思想达成一致和感情的通畅。从广义上讲，沟通就是传递信息的交互过程，互相交流和分享彼此掌握的信息和想表达的内容。无论广义还是狭义，它都基本包含以下含义：信息的传递、对于信息的理解、对于信息的反馈沟通、双方互动的信息流动过程，即两个独立的行为个体，通过媒介和载体将单方面的信息实施双向的流动，以至于围绕某一目标产生感知与反馈的既定过程。

（三）言语沟通

沟通所使用的符号系统是个人化的言语，而不是公共化的语言。言语沟通是指研究人类在不同场景下使用言语和非言语的手段，相互交流和沟通的性质、过程和效果的学问，主要包括口头沟通和书面沟通两种形式。

言语沟通具有引导认知、行为指示、情感交流、人际交往以及情绪调节等社会功能。认知功能是言语沟通最基本的社会功能，指通过言语来传递某种知识、信念或观点。言语沟通的行为功能是指我们通过言语去影响听话人的态度、行为或改变听话人的状态，以完成某项工作。言语沟通的情感功能是指我们用言语来表达情绪体验、联络情感。言语沟通的人际功能是指言语交际被用来建立、保持和维护人际关系。言语沟通还具有宣泄情绪、促进心理健康的调节功能。

（四）家校言语沟通

家校沟通是指家庭和学校为了实现共同的教育目标，而彼此了解、相互合作，通过语言文字等多种媒介进行信息传递与思想交流的行为。

家校言语沟通是指教师与家长之间为了促进学生身心健康的全面发展，围绕某一教育目标，通过语言文字等多种媒介而进行信息传递与思想交流的行为，使主体之间的思想、情感、观念等相互传递和不断反馈，从而实现既定目标，促进学生发展的过程。教师与家长应该及时沟通，随时掌握学生的最新情况和变化，对问题学生及时做出应对措施。教师与家长的沟通受到很多因素的影响，有教师因素、学校因素和家长因素，这些因素都会影响沟通效果。

所以家校言语沟通是指中小学教师与家长通过口头语言、非言语辅助手段及书面语言，实现主体与主体之间信息分享、交流思想和情感互动等活动的语言互动行为。

二、家校言语沟通的基本要素

按照系统论的观点，从细分家校言语沟通要素的角度来认识家校言语沟通，是深入认知理解的一种重要方式。依据传播学对人际沟通要素的研究来看，家校言语沟通的要素应该有以下内容。

（一）家校言语沟通的目的

家校言语沟通是为了学校和家庭之间的相互交流、彼此了解，从而实现家校合作，达成学校和家庭协同共育的教育效果。

（二）家校言语沟通的内容

家校言语沟通的内容主要包括教育政策的沟通、学校教育情况的沟通、家校沟通途径及方法的沟通、个人情感的沟通、教育经验的沟通、学生思想状况的沟通、学生身体健康状况的沟通、学生的个性与特长的沟通、学生学习情况的沟通、学生品德表现的沟通、学生生活习惯的沟通等内容。

（三）家校言语沟通的形式

当前家校沟通的方式呈现多样化的趋势，主要包括 QQ、微信、钉钉等家校沟通平台，电话，家委会，校访日等形式。电话、微信和面对面沟通是当前家长和学校之间最主要的沟通方式。每种沟通形式都有一般的共同特点，也有一些独特的沟通要求和方法。

（四）家校言语沟通的主体

家校言语沟通的主体主要是教师和家长。在学校教育中，教师的专业知识与专业能力在言语沟通中起着至关重要的作用。在家庭教育中，家长的已有知识、能力、情意、沟通观念等是影响家校言语沟通的重要因素。因此，只有老师和家长在沟通中承担各自的主体责任，才更有利于家校言语沟通的有效开展。

（五）家校言语沟通的环境

目前家校言语沟通的环境不是一个孤立、封闭的环境，而是开放的、现实的、全方位的社会活动环境。从宏观的角度来看，当前现实的家庭、社会和学校的观念与物质条件是软性的宏观环境。从微观的角度来看，家校言语沟通的具体环境是指线上和线下的环境。线上的环境是指校园平台、QQ群、微信群、讨论区等功能设计所创建的家校沟通交流的环境条件；线下的环境包括学校、社区及家庭所创建的家长与教师沟通交流的环境条件。

第二节 家校沟通的理论

与家校沟通相关的理论较多，研究者在实证调查的基础上，从家校合作共育的教育学理论、交往行为的社会学理论、人际沟通学理论等视角出发进行了整理分析，并以此作为教师与家长沟通的理论依据，为本书提供了重要的理论基础。

一、重叠影响域理论

重叠影响域理论是由美国的乔伊丝·爱泼斯坦提出的。爱泼斯坦通过对家校社三者关系的长期研究，设计了两个理论模型，即外部模型和内部模型[1]。

外部模型（图1.1）旨在阐述家庭、学校和社区之间的重叠和别离关系，通过外部模型我们可以发现家校社三者之间既可以紧密协作，也可以相互独立。

---

① 唐汉卫.交叠影响阈理论对我国中小学协同育人的启示[J].山东师范大学学报（人文社会科学版），
  2019，64（04）：102-110.

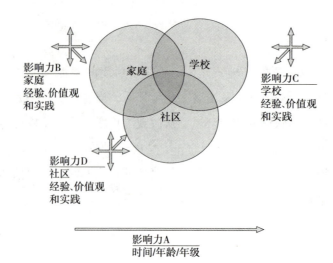

图 1.1　重叠影响域理论的外部模型

内部模型（图 1.2）着眼于解释家庭、学校和社区之间如何建立起精妙且必不可少的人际关系和影响方式[①]。如图所示，F 表示家庭，C 表示子女，S 表示学校，P 表示家长，T 表示教师。此图只是显示了家庭、学校相交的部分，在模型图中，内部模型还包括社区和发生在非交叠区域的相互作用。

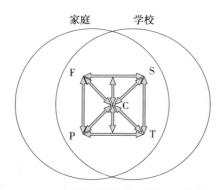

图 1.2　重叠影响域理论的内部模型

通过这两个模型我们可以得知：家庭、学校、社区对于孩子的影响具有重合部分，这就是我们所称的家校社育人合力。家校社之间建立起友好的合作关系有如下优点：提高学校教学质量、形成舒适的人际交往环境、为家庭提供教育服务和情感支持、将家校社中的其他人组织起来协助教师工作。

---

① 唐汉卫. 交叠影响阈理论对我国中小学协同育人的启示 [J]. 山东师范大学学报（人文社会科学版），2019，64(4)：102-110.

由此，我们首先可以确定家校社融合的形式有以下四种：家校合作、校社合作、家社合作和家校社合作。其次，学生是家校社合作的共同服务对象，家校社对学生的影响既独立又相互叠加。比如：学生在家庭生活学习时，会受到家长的单独影响；但当学生在学校生活学习时，往往会受到家校社三方面的叠加影响。最后，家校社融合的目的一定是保障学生的良性发展。

二、人际生态共生理论

著名心理学家布朗芬布伦纳提出的生态系统理论，也被称为人际生态共生理论。这一理论指出人类的发展受不同类型的环境系统的影响，有助于我们理解为什么我们在家庭、学校或工作中的表现会不一样。人际生态系统由以下五个子系统组成：

微系统：是指个体活动和交往的直接环境，这个环境是不断变化和发展的，是环境系统的最里层。例如，家人、朋友、同学和老师，跟个体直接接触的邻居和其他人都属于微系统。

中间系统：是指各微系统之间的联系或相互关系，个体的家庭经历可能与求学经历有联系。例如，如果一个孩子被父母忽视，那么他在学校的表现就会变得不积极。

外层系统：是指那些儿童并未直接参与但却对他们的发展产生影响的系统。例如，父母的工作环境就是外层系统的影响因素，儿童在家庭的情感关系可能会受到父母是否喜欢其工作的影响。

宏观系统：是存在于以上三个系统中的文化、亚文化和社会环境，一个涉及法律和文化习俗的系统，它会影响微系统、中系统和外层系统。例如，穷人的孩子早当家的现象就说明了这个道理。

时间系统：是指个体在生命周期中的过渡和转变，涉及影响个体的社会历史环境。一个典型的例子是作为重大人生转折的离婚，不仅影响夫妻双方的关系，并且会深深影响他们的孩子。

三、共同责任理论

在生态学理论和社会资本理论的基础上，关于家庭和学校的合作关系问题，美国的爱泼斯坦提出了分开责任和共同责任两个概念。分开责任是指家长和学校不制订共同目标、不共同努力，甚至缺乏讨论，只是各自在家庭和学校努力。其优点是花费的精力较少，缺点是家长和教师无法及时交换第一手资料，无法有效地相互配合。共同责任是指家长和教师在教育问题上负起共同责任，家庭与学校重视双向的沟通，保持紧密联系，经常交换学生成长、学习和生活信息的资料，彼此倾听和了解学生的情况，并愿意采取适当的行动。共同责任是一种责任意识，是一种对对方利益的承诺。共同责任所指的家长和教师的关系，确认了教师和家长对学生成长的责任，家长和教师互相协助以履行教育子女的责任。

家校合作的共同责任观强调家庭和学校的共同经验、沟通、合作和互相影响。爱泼斯坦指出，若家长和老师增加合作，学生会感到"学校教育是重要的"和"教师及家长很关心自己的学习"，他们会努力争取更好的学习效果。长期以来，在家校合作方面，家长很少参与学校部分的子女教育，他们更多的只是想在家庭里努力促进子女的学习，而教师更多的则专注于学校部分的教学，很少介入家庭。对此，爱泼斯坦认为在真正意义上的家校合作中，家庭与学校的工作关系是合作而不是分工，是双方的共同责任而不是分开责任。这种共同责任意味着家庭与学校的共同经验、沟通、合作和相互影响。

四、社会互动理论

哈贝马斯的交往行为理论具有其独特的价值和意义。一方面，他顺应现代哲学潮流，完成了社会批判理论内部由意识的批判到语言的批判的"语言学转向"；另一方面，其"语言交往"和"生活世界"的理论有助于社会的健康发展。他将人们的行为分为"沟通"和"工具"行为。顾名思义，沟通更具有情感性和互动性，工具更具有运用性和策略性。哈贝马斯的沟通理论最重要的是强调人与人的关系，而不是人与物的关系，不是为了实现自身的要求把对方当作工具以满足自己，而是在满足各方前提下来实现自身的要求。人与人之间以语言为中介，通过表达各自的意见达成普遍性共识。沟通理性的核心就是在主体间的相互理解中，即通过沟通、讨论达到情境的共同界定。它突出了主体与主体之间的双向理解，蕴含着人类真诚沟通的本质，从而走出原有的主体与客体之间的单向解释的困境。

在《交往与社会进化》一书中，哈贝马斯对沟通行动进行了重新定义，基于语言学和解释学的研究，将言语的有效性基础加入他对交往行为概念的定义中。通过论述，我们了解到他希望沟通的主体之间能够有序有效，能够相互尊重理解，以此促进社会的和谐和不断发展。20世纪末，哈贝马斯提出"沟通行动需要原理上的解释"，意思是要对行为做出合理性的解释。完成《交往行动理论》之后他又提出"沟通行动（交往行动）"，即沟通媒介之间的互动行为。彼此的相互理解是开展沟通行动的核心，站在这一观点上力求达到行动的一致性。

交往行动的核心是相互的理解，其中语言作为媒介有重要的作用，因此要求语言的有效性，故提出相关要求：①可领会性要求，选择可领会的表达，以便说者和听者之间能够相互理解。②真实性要求，提供一个真实陈述的意向。③真诚性要求，真诚表达意向以便听者能相信说者的话语。④正确性要求，选择一种本身正确的话语，以便听者能够接受。

五、家校沟通模式论

（一）家长委员会模式

我国很多学校都成立家长委员会以协助学校开展活动，家长委员会由家长代表组成，是与学校沟通的桥梁。学者黄河清、王旭东都研究过家长委员会沟通模式，指出其主要代表学生家长参与到学校民主管理中，是为教师工作做好后勤保障的群众性自治组织。国家要求学校建立学校家长委员会，以推进现代学校制度建设，来完善学校、家庭、社会三位一体的教育体系，这是国内建立现代学校制度、完善中小学学校管理制度的重要环节，对促进学校教育发展有重要作用。家长委员会让家长参与到教学和学校管理中来，让家长在了解学校工作的同时体验教师的责任，及时反馈存在的问题，提出合理化建议。

（二）网络沟通模式

随着信息技术的快速发展，教师与家长沟通也越来越便捷，更多采用微信、QQ等信息化沟通手段，这极大丰富了沟通方式，增加了沟通频率，能更好地发挥家长的作用。当前，我国各地中小学都建立了"家校通"网络交流模式，大量运用新信息技术，实现24小时、跨地域沟通，改变了教育管理模式。以往，教师与家长沟通主要通过家访、家长会、书信联系等传统联系方式。随着电话的普及，电话亦成为沟通的重要手段，这极大便利了双方联系。进入信息社会以后，"家校通平台"等软件日益成为重要的沟通手段，这都确保了沟通的及时高效，最大程度发挥出合作教育的作用。在迈向现代化教育的过程中，更要集思广益，充分吸收借鉴先进想法和可行做法，彻底颠覆原来的教学管理模式，来推动中小学教育向前发展，为培养新时代的中小学生作出重要贡献。

（三）家长代表模式

德国学者对教师与家长沟通课题提出很多有效的实践模式，其中有一个典型的沟通模式就是"家长代表"沟通模式。[①] 在小学班级中，家长代表由家长自荐或者由家长选举，要选出一位母亲代表、一位父亲代表。在日常教学管理过程中，家长代表充当家长和教师之间的桥梁和媒介，协助教师做好沟通工作，这样就让家长群体有了自身的牵头者，更容易发挥家长的作用。家长代表一般在每学期组织一两次家长会，来商量下面的班级活动，这就能吸引家长兴趣，充分发挥家长的优势。

（四）美国家长教师协会模式

美国的家长教师协会，是独立于学校和教育监管部门之外的"第三方机构"，是教师、家长互相沟通、彼此合作的组织。20世纪60年代以后，美国政府出台一系列教育改革方案，对家长教师协会提出政策方案和制度保障，极大促进了该协会的发展。家长教师协会在美国各级地区有不同级别的协会，其中，全国家长教师协会是全美最大的家长志愿者组织。不同于我国的家长委员会，美国的家长教师协会拥有很大的权力，充分利用各种资源为学校教学服务，还部分参与到学校管理中，如：由家长代表与学校负责人组成理事会，计划和管理学校的诸多事宜，也能参与到课程教学等工作中，起到很大的作用。这对我国教师与家长沟通有很大的借鉴意义。

（五）西欧学校主导沟通模式

教师与家长的沟通活动是教育的重要方面，必须按照科学沟通模式来进行。同时，由于家长事务相对较多，教育理念和教育经验相对比较匮乏，在处理学生

---

① 尚文艳.小学家校合作现状调查与对策研究 [D].大连：辽宁师范大学，2014.

疑问或者问题的时候，就会力不从心。因此，西欧国家学者主张由"学校主导"沟通。苏联学者苏霍姆林斯基在《给教师的建议》中也提出，由一校之长、级部主任和最有教学经验的教师与家长进行沟通交流，将教育学知识与家庭教师的实际情况相结合，告诉家长怎样才能形成儿童良好的道德品质和行为习惯，确保教育能够取得最佳的效果。

第三节　家校沟通的教育意蕴

一、家校沟通已成为新时代教育改革的重要主题

一直以来，我国政府出台了一系列关于"加强家校联系，促进家校沟通"的教育政策文件。2010 年颁布的《国家中长期教育改革和发展规划纲要（2010—2020 年）》明确提出"开展由政府、学校、家长及社会各方面参与的教育质量评价活动"。教育部 2012 年 11 月颁布的《全面推进依法治校实施纲要》明确要求"中小学、幼儿园应当逐步建立健全家长委员会制度。家长委员会承担支持教育教学工作、参与和监督学校管理、促进学校与家庭沟通、合作等职责"。2018 年，习近平总书记提出，"办好教育事业，家庭、学校、政府、社会都有责任"。2019 年 6 月，《关于深化教育教学改革全面提高义务教育质量的意见》第二十四条提出："加强社区家长学校、家庭教育指导服务站点建设，为家长提供公益性家庭教育指导服务。充分发挥学校主导作用，密切家校联系。"2019 年，重庆市教委召开重庆市家校共育工作标准专题研讨会，要求全力做好"家校共育工作标准"研制工作。2021 年，教育部发布了关于学习宣传贯彻《中华人民共和国家庭教育促进法》的通知，提出家庭教育关乎广大未成年人的健康成长和国家民族的长远发展，要加强学校指导服务，推动学校将家庭教育指导服务纳入学校工作计划。可见，家校合作已成为教育改革的重要部分，而教师与家长的言语沟通是最常用的、最基本的交流互动方式。教师与家长的有效沟通，有助于家长教育能力的提升、家校合作良好局面的形成和义务教育质量的持续提高。

二、教师与家长有效沟通是学生个体全面发展的保障

苏霍姆林斯基曾说："教育的效果取决于学校和家庭的一致性，如果没有这种一致性，学校的教学、教育就会像纸做的房子一样倒塌下来。"陈鹤琴先生也提出："教育是一件很复杂的事情，不是家长一方面可以单独胜任的，也不是学校一方面可以单独胜任的，必定要两方面共同合作方能得到充分的功效。"可见，家庭教育对学校教育的重要补充作用已引起我们的重视。教师与家长良好的沟通与交流是实现家校合作的桥梁，只有当家长认同学校教育、任课教师，学校教育教学才能形成教育合力。

从学校方面来说，学校与家长在学校和家庭间建立和谐、紧密的联系，能够让家长更加支持学校的教育工作。能够鼓励家长与社区内的所有家庭进行交流，及时把握学生的在家情况，分享教育经验，赢得家长的理解、支持和配合，以便实施有效的教育策略，从而起到事半功倍的教育效果。

从家长方面来说，家长及时与教师沟通孩子在家的行为和思想，能为老师提供教育孩子的一手资料，为孩子的全面发展寻求老师的帮助和鼓励。同时，家长也能及时了解孩子的在校表现，更好地配合教师和学校的工作，并可以有的放矢地开展沟通教育工作。

从学生方面来说，教师和家长的有效沟通把教育力量拧成一股向心绳，为孩子提供心理安全感，学生们能感受到来自老师和家长的共同关心和指导。一致的关心能避免学生在成长过程中产生过多的心理冲突，也让学生更清楚自己的真实情况与面临的客观现实，增强责任感。

三、目前家校沟通中教师的言语表达行为问题凸显亟须应对

在现实生活中，由于家长和教师所处的角度和身份不同，二者之间的沟通交流存在一些问题。教师告状式的沟通，不能激发家长积极配合学校教育的意愿，二者的关系容易僵化。许多家长在思想上把孩子的教育看成是学校老师单方面的事，认为孩子的教育都是教师的事，而自己只负责孩子的吃穿住用等生活问题，从而对教师提出的共同教育学生的建议置若罔闻，导致二者沟通出现问题。教师为了孩子积极主动联系家长进行谈话与交流，但却出现了家长不买

教师的账、意见相左、发生言语冲突、投诉教师的结果。甚至个别学生家长相当激怒，发生了冲动的肢体冲突。为什么老师们的良好愿望没有实现？当然，具体到个案，原因应该是多元的，但是我们发现有一个共同的问题是：教师的沟通表达不良是其中的一个重要原因。近几年，随着网络信息技术的快速发展，家校沟通的方式日趋丰富，微信、QQ、校园平台等方式的出现，需要教师及时、实时地与家长进行对话与交流，这就对教师的言语沟通能力提出了更高的挑战。

四、教师人际言语沟通能力是提升教师专业素质的重要组成部分

随着时代的发展，家长对教师的要求也越来越高。中小学教师会面对不同思想意识、不同性格、不同类型的家长。有时由于彼此立场不同，在沟通中难免出现意见不一致的情况，如果表达的方法不当、技巧不佳，很容易造成沟通障碍。因此，中小学教师如何解决与家长沟通时存在的现实问题，如何与家长更有效地进行言语沟通，让家长成为教师的教育伙伴，这对教师的言语沟通能力提出了更高的要求。今天的合格教师，不仅在课堂上能用语言迷住学生，还需要在面对家长时从容淡定、循循善诱，成为使家长具备正确教育理念与适切教育方法的引导者和牵手人。

第四节　教师与家长言语沟通素养的养成

1972 年，美国社会语言学家海姆斯首次提出沟通素养（又译为"交际能力"）这个概念。他认为，沟通是指"何时说，何时不说以及关于何时何地以何方式与何人说何内容"。 1980 年，加拿大学者卡纳尔与斯温又将其归纳为四个组成部分，即语法能力、社会语言能力、策略能力与话语能力。[①]

我们认为，沟通素养是指沟通者具有的进行有效沟通所需要的知识、能力

[①] 康翠萍，徐冠兴，魏锐，等．沟通素养：21 世纪核心素养 5C 模型之四 [J]. 华东师范大学学报（教育科学版），2020，38（2）：71-82.

以及情意的总和。一个具有良好沟通素养的个体，为了实现特定沟通目标，能够运用语言与非语言的媒介，有效地与他人或群体交流信息、思想、情感和价值观。

康翠萍提出：沟通素养是一个包含了语言能力、思维能力和社会情感能力的复合型素养，包含深度理解、有效表达和同理心三个要素。其中，深度理解和有效表达是沟通的两个重要过程，需要语言能力、思维能力和社会能力的共同参与，而同理心则是促进有效沟通最为重要的一种社会情感能力。《大众媒介研究导论》的作者罗杰·D.维曼博士也认为，沟通素养的内涵包含了五个维度：同理心（共情）、归属和支持、社会放松（在社交情境下处于放松状态）、行为灵活性、互动。[①]

一、教师言语沟通素养的内容

（一）基础的沟通知识

1. 人际交往心理学知识

教师要掌握基本的人际交往心理学知识，尤其是要结合现实社会实际，深入研究不同类型家长的心理特征（包括能力、气质、性格）和思维特点。同时要在与家长沟通的实践中分析把握家长心态，通过观察家长的动作、微表情等洞察家长的情绪状态，学会换位思考，研究如何与不同心理特征的家长交流，积极主动地积累与家长的沟通经验，使交流更顺畅、更有效、更愉快。

2. 言语沟通技巧知识

家校沟通是否成功关键还在于沟通技巧。教师要掌握沟通技巧，包括要运用恰当的沟通方式、掌握非言语技巧、选择合适的时间和地点以及恰当处理特殊情况等。注意与家长交流彼此的观点、感情，才能获得相互理解和支持，达到事半功倍的效果。

---

① 康翠萍，徐冠兴，魏锐，等．沟通素养：21 世纪核心素养 5C 模型之四 [J]．华东师范大学学报（教育科学版），2020，38（2）：71-82.

（二）较强的沟通能力

1. 清晰明确的角色定位

教师与家长在家校沟通中扮演着不一样的角色，家校合作的关键在于双方清楚自己的角色定位，发挥各自优势，形成教育的合力，才更有助于促进孩子的成长。反之，角色错位容易形成家校合作的隐形障碍。首先，教师应定好自己的角色位置，教师既不是学生和家长的服务员，也不是学生和家长的领导者，更不是学生的父母亲。教师与家长应是独立平等的两方，既不低人一等，也不高人一等，对家长既不应仰视，也不应俯视。而家长在家校合作中扮演了多样的角色，首先是学习者。家长应学习如何教育子女，让自己不断成长，做一个合格的父母，从而促进孩子的健康成长。俗话说：父母好好学习，孩子天天向上。其次是支持者。家长也是丰富的教育资源，家长如果能对学校提供帮助和支持，实现教育间的互补作用，就能取得最佳的教育效果，使青少年健康快乐成长。最后是自愿参与者。家长作为志愿者积极参与学校教育教学活动，为学校服务，能促进学生全面发展。

2. 较高的人际敏感性

"人际敏感性"是指在人际沟通中，能够敏锐地捕捉人际信息、察觉别人的反馈与需要，并且迅速做出积极的、正确的反馈的程度。严格来说，人际敏感性没有好坏之分，但是过分敏感和不敏感都会给人际沟通带来困扰。适度的人际敏感是构建和谐家校关系的一个重要条件。教师作为家校言语沟通的主体之一，应具有沟通的人际敏感性，善于从教育环境以及与学生相处的日常中发现可能的问题，找到教育的契机，并把握与家长进行沟通的机会和时机，实时、适时地选择机会与家长进行沟通。

3. 智慧地确定沟通形式与内容

目前我国家校沟通的具体内容和形式主要有家长会、家校互访、家长学校、家长委员会、家长开放日、通信联系等。例如，家长会是最为普遍的一种沟通形式。定期或按需要召开的家长会，其意义在于报告学校或班级工作情况，有针对性地征求家长意见，回答家长普遍关心的问题，使家长了解学校和班级所面临的实际困难和问题，取得家长的理解和帮助，并共同探讨一些教育问题。此外，微信、电话联系是家长和学校联系及沟通的简便而快捷的形式。通信联系的内容是交流信息，如学生的学习情况和平时表现、学校和家庭的主要变化、新的建议和要求，以及家庭教育方面的科学知识、教育子女的成功经验等。

4. 机智有效地进行表达

有效地进行表达指在不同的情境下，运用语言或非语言等多种形式，清楚地传达信息、表达思想和观点，以达到沟通的目的。"有效"是强调表达的有效性和适当性，指向沟通预期的目标。表达能力包括语言表达能力和非语言表达能力，其中非语言表达是指通过与语言无关的途径所表达的信息，包括身体语言、手势、面部表情、眼神交流以及副语言（语速、音量、语音、语调等）。语言表达则包括书面表达和口语表达，包括：语言流畅、条理清晰；善用多种形式或手段表情达意，符合相关语境；能有效运用信息技术手段进行表达；对表达过程和效果以及情绪情感进行有效的监控与调节；表达的内容合乎社会规范、伦理道德。

5. 反思自己与家长的沟通活动

反思能力是指教师要对每一次与家长的互动交流进行反思、评价。它包括反思家校沟通方式、方法的运用是否恰当，自己的语言表达是否合适，给予家长的建议是否中肯以及沟通的有效性等。评价和反思家校沟通是为了及时改进和完善家校沟通，以提高家校沟通的有效性。

（三）真性情的沟通态度

1. 正确的家校沟通观

家校沟通观是指教师和家长对沟通的认识，包括对家校沟通内涵、家校沟通目的以及家校沟通意义等方面的认识。树立科学的家校合作理念，将沟通放在家校合作中去理解，能够在一定程度上克服班主任、任课教师个人经验的局限性，更好地实现在沟通中不谋私利、不存私念的原则，尊重、理解、接纳家长和学生的个体独特性，达到信息共享，增进双方的情感交流，形成互信、友好、共进的关系。教师与家长沟通是双方共同围绕儿童的健康发展，成为教育协作的共同体，并走向家校合作，最终达到学校和家庭共同的教育目的。

2. 高度的家校沟通责任感

教师是从事教育教学的专业人员，拥有国家赋予的教育权利。针对个别家长参与学校教育不够主动，甚至放弃参与学校教育协同的情况，教师应加强责任意识，主动为家长提供参与学校教育、参与沟通的机会，搭建家校沟通的合作桥梁。家校沟通是家校合作的基础，是学校与家庭为了达到家校合作的目的，彼此了解，通过多种途径、利用各种技巧进行信息传递、思想和情感交流的行为，教师需要有高度的责任感去尽力完成。

3. 良好的家校沟通心态

教师是否愿意与家长进行沟通，是影响家校沟通效果的重要因素。与家长进行沟通，是教师的权利也是教师的义务。教师要以开放、接纳和包容的心态面对家长，给予家长应有的充分信任，要放下自己权威性的身段，尊重每一位家长，真正将家长当作自己的合作伙伴，让家长感觉到自己是参与学生教育的重要一员。教师的信任与支持可以让家长放下对自己教育能力的顾虑与看法，让每一位家长都能感受到来自教师的重视，放下多余的心理防备，更加从容地对待与教师的沟通。教师以这样的心态去与家长交流，反而更容易得到家长的认可，提高与家长的互动效果。

4. 坚定的沟通自信力

教师的沟通自信力是教师在情感上认同自己职业、正向认知教育教学内容、积极评价自己教育教学能力的人格特征和心理动能，是教师对教育教学内容、对象、能力的自我体验、自我评价和自我接纳程度的反映。教师的沟通自信力具有导向、激励和示范作用，教师与家长沟通时，要发挥出沟通自信力的作用。教师的沟通自信力主要包括教师对自身职业、沟通对象和沟通过程三个方面的自信。教师可以通过厚植职业情感、掌控职业知识、扫除沟通障碍三条途径，不断提升自身的沟通自信力。

5. 平和的沟通同理心

同理心是指能体会他人的情绪和想法、理解他人的立场和感受，并站在他人的角度思考和处理问题的一种能力，是一种了解他人感受、预测他人行为的社会洞察能力，主要体现在情绪自控、换位思考、倾听能力以及表达尊重等社会认知与社会情感能力。教师在家校沟通中具备同理心，就更容易获得家长的信任，有利于改善和增进双方的关系，进而达成沟通目标。沟通同理心包括：能尊重家长的人格、价值观及社会文化背景；能依据家长的知识水平和接受程度调整沟通行为；能感知、理解和把握家长的感受、情绪和情感；能从家长立场上思考和处理问题。

二、教师良好言语沟通能力的养成

（一）正确沟通观念的建构

第一，教师要认识到与家长沟通协同是自己的工作职责。我国现有的相关规定如《中华人民共和国教育法》规定了教师要与家长进行沟通，并对家长提供家庭教育指导的义务。同时家长也要明确自身的义务，积极参与家校之间的交流活动，热心配合学校的教育。部分教师对家校沟通的认识不到位，存在对自身职责认识不足、参与沟通的积极性不高等问题。由于认识上的问题，会对沟通内容、形式、渠道等方面产生影响，从而影响沟通的有效性。

第二，教师和家长双方权责平等。责任均等的权利是指在沟通中不但要责任明确，双方乐于共同分担，同时也要求保持权利平等。双方的平等交流、互相尊重和理解是沟通能够顺利开展的重要条件。对于家长而言，应提高对沟通的正确认识和理解，坚持正确的教育观念。作为教师，首先要摆正自己的位置，要善于听取家长的意见，敢于接受公众批评，建立与家长的良好关系。其次老师要有强烈的责任感和角色意识，要明确自己在家校合作中承担的任务，树立与家长进行有效沟通的意识，改进沟通质量，争取得到家长的理解。只有教师和家长在观念上达成统一，坚持权责平等的原则，才有利于提高家校沟通的效率，提高教育教学质量。

（二）赢得家长信任的修炼

第一，增强教师与家长言语沟通的主动性。学校应该鼓励教师的主动沟通行为，激发教师的沟通热情和主动性。教师在沟通活动中扮演着极其重要的角色，教师的主动也会让家长感受到教师的认真负责，从而更有力地支持与配合教师的工作，帮助学生更好地成长。在平时的工作中，教师要主动与家长沟通，尤其要主动联系不善言谈的家长。空余时间给家长打个电话简单问问学生在家的情况或者在学生的作业后面留一句反馈语，也可以给家长发一个微信，反映学生的近况。这样才能拉近与家长的心理距离，更有利于教师与家长的沟通合作。

第二，走出沟通误区，尊重家长的主体地位，绝不可以采取高高在上的强势态度。教师在与家长的交流过程中，首先应该做到真诚、平等、尊重，只有这样才能争取到家长的配合支持，建立融洽的关系。在教师与家长的言语沟通中还需要增加家长的被接受感，让家长认识到自己在子女教育中的重要作用，让家长意识到自己能为学校的发展贡献自己的力量，从而更加积极地参与学校教育和管理。

第三，教师应该读懂学生和家长的内心需求。对于部分家长过于关注孩子学习的情形，应该加以沟通。引导家长关注孩子的全面发展，提示家长应注重和孩子的沟通，及时发现孩子的变化，给予孩子帮助和支持。小学阶段是九年义务教育的基础阶段，教师应该更多关注学生的身心健康，帮助学生更好地认识自我，建立良好的心理素质。同时，教师应该引导家长共同关注学生的兴趣爱好、道德品质，指导家长帮助孩子养成良好的学习和生活习惯。

（三）多元化沟通策略的探索

第一，根据学情选择合适的沟通内容和形式。教师首先需要了解学生的实际情况。如在与家长沟通孩子美术作业时，教师可根据学生的绘画作品的实际水平和家长的具体需要，就孩子过去的绘画水平、现在的进步情况进行概括性语言表达，指出努力的方向，同时将拍下来的作品发至家长私人微信；若教师发现班级学生存在较为共性的问题或需要通知重要事情时，可以通过召开家长会的形式，以便高效、清晰准确地与家长进行较深入的沟通；教师若想针对一些个别学生教育方面的问题，则有必要通过有计划、有目的的约谈，与家长进行详细的交流。在进行约谈前，教师要考虑到家长的工作时间，双方协商约定约谈的时间和地点。

第二，营造适宜的沟通情境。教师和学校管理者要尽量创设良好的沟通情境，选择合适的沟通地点、安排合理的沟通时间与家长进行沟通。首先，沟通地点的选择通常会影响教师和家长双方的沟通情绪。学校应尽可能地为教师和家长创设良好、轻松、和谐的沟通氛围。如设置合理的沟通空间，对房间进行简单的装饰，让家长可以放松心情，轻松地与教师对话。还可以充分利用户外温暖的阳光，在操场上搭置凉棚和圆桌，让家长和教师以闲聊的方式达到正式沟通的目的。其次，时间的选择同样会影响沟通的效果。例如，对于一般问题教师和家长可以利用午休时间进行沟通，当然教师也可以根据家长接送孩子的时间与家长进行单独交流，提高沟通的效率。

由于沟通的对象、沟通的内容和沟通的情境不同，沟通方式也要根据实际情况灵活选择。

（四）沟通技巧的持续提高

第一，教师应该做到专业语言的通俗化表达。首先，教师在与家长沟通时适时地运用通俗易懂的口头语言，营造宽松、和谐的沟通氛围，缓解家长的紧张情绪，这样才能取得良好的沟通效果。其次，切忌使用命令式的语言，要尊重家长的主体地位，不要呈现出高高在上的姿态。如果教师以"权威"自居，不屑于倾听家长的意见，只会引发家长的不满，使彼此的沟通产生障碍。最后，教师在与家长沟通时风趣幽默的语言是不可或缺的。幽默生动的语言更能创造出轻松愉快的沟通氛围，让家长能以愉悦的心情主动沟通，为家校沟通增色。切忌以师道尊严的口吻凌驾于家长之上，以免让家长与教师沟通时倍感压力。

第二，与家长交流时的体态动作、语音语调也很重要。教师在与家长交流时应控制好自己的面部表情，不要表现出不耐烦、不真诚的信息，这样会降低家长的沟通欲望。教师在与家长交流时可以用微笑或者点头表示你对家长的话题感兴趣，同时保持目光的交流，沟通时目光要亲切柔和，表示对家长的尊重，使双方的沟通取得更好的效果。在家长电话来访时，更要注意谈话的态度、用语的准确和通话礼仪。主动打电话与家长沟通时首先要说明自己是谁，然后确认家长是否有时间进行沟通，沟通过程中要简明扼要地说明打电话的意图，语气要平和，这样有利于沟通的进行。

第二章
家校言语沟通的实证调查与分析

　　随着社会经济的发展，家校沟通受到越来越多的关注和重视。本书采用问卷法与访谈法，抽样调查家校言语沟通的现实情况。主要从小学教师对家校言语沟通的认知、内容、途径、技巧、能力等维度了解当前我国家校沟通的现状，并进一步分析当前家校沟通中存在的问题及原因，为探究解决策略做好基础研究。

　　依据传播学的沟通五要素理论，本书作者提出了研究的一级维度，再根据交往行为理论、有效言语沟通理论、人际沟通能力理论提出了二级维度，制定了调查的内容维度，见表2.1。

表 2.1　小学教师家校言语沟通内容维度的构成

一级维度	二级维度
教师对家校言语沟通的认知	对自我的认知
	对家长的认知
	对沟通情境的认知
教师家校言语沟通的内容	学生的情况
	家庭教育的内容
教师家校言语沟通的能力	沟通的专业知识
	沟通原则的运用
	沟通的反思能力
教师家校言语沟通的途径	新媒体沟通方式
	传统沟通方式
教师家校沟通言语技巧的运用	语言表达
	非语言表达

本研究选择重庆市 D、G、F 小学作为调查对象，发放教师问卷共计 200 份，回收 200 份，回收率为 100%，剔除了 3 份无效问卷，有效问卷 197 份，有效率为 98.5%。发放家长问卷 320 份，农村小学和城市小学各发放 160 份，回收 299 份有效问卷，家长问卷有效回收率为 93.43%。再根据问卷调查的结果，就教师对家校言语沟通的认知、内容、途径、能力、运用、阻碍因素等进行访谈调查，调查结果整理分析如下。

第一节　小学教师家校言语沟通的总体概况

一、小学教师家校言语沟通的总体水平

根据教师问卷和家长问卷的统计结果，对教师家校言语沟通的总体水平及各维度水平分别进行了均值计算。问卷采用五点计分法，根据得分情况划分为 5 个等级。得分在 4.5—5 属于非常好的水平，得分在 3.5—4.5 处于较好水平，得分在 2.5—3.5 处于一般水平，得分在 1.5—2.5 处于较差水平，得分低于 1.5 属于非常差的水平。结果如表 2.2 所示。

表 2.2　教师家校言语沟通（教师问卷）的总体水平

项目	平均值（M）	标准差
教师对家校言语沟通的认知	4.30	0.50
教师家校言语沟通的途径	3.13	0.36
教师家校言语沟通的内容	3.20	0.26
教师家校言语沟通的能力	3.76	0.63
教师家校言语沟通时技巧的运用	4.01	0.71
教师对家校言语沟通的评价	3.56	0.30

表 2.2 显示在教师视角下教师家校言语沟通现状及各维度的得分情况。在教师视角下，教师对家校言语沟通的评价较好（M=3.56），得分最高的是教师对家校言语沟通的认知（M=4.30）。由此可见，教师对家校言语沟通的认知水平较

高。得分最低的是教师家校言语沟通的途径（M＝3.13）。

表2.3　教师家校言语沟通（家长问卷）各维度的总体现状

项目	平均值（M）	标准差
教师家校言语沟通的途径	2.95	0.42
教师家校言语沟通的内容	3.13	0.45
教师家校言语沟通的能力	3.44	0.78
教师家校言语沟通时技巧的运用	3.56	0.76
家长对家校言语沟通的评价	3.25	0.40

表2.3显示家长视角下教师家校言语沟通现状及各维度的得分情况。在家长视角下，家长对家校言语沟通的评价一般（M＝3.25），得分最高的是教师家校言语沟通时技巧的运用（M＝3.56），得分最低的是教师家校言语沟通的途径（M＝2.95）。

由此看来，无论是家长视角还是教师视角，得分最低的都是教师家校言语沟通的途径。

二、小学教师对家校言语沟通的认知情况

本部分内容主要是调查小学教师对家校言语沟通的认知，分别从对家长的认知、对自我的认知、对沟通情境的认知几个方面进行了调查。

表2.4　小学教师对家校言语沟通的认知情况

项目	平均值（M）	标准差
家校沟通有助于学生发展	4.31	0.69
家校沟通十分必要	4.37	0.63
家校沟通影响家校关系	4.40	0.61
主动与家长沟通	4.16	0.68
家长是学校教育的协助者	4.26	0.67

表2.4显示，教师对家校言语沟通的认知水平很高，各项目均值都大于4，在教师视角下，得分最高的是家校沟通影响家校关系（M＝4.40）。由此可见，

教师十分注重与家长之间的沟通。在教师访谈中，所有教师都一致认为教师与家长的言语沟通非常重要，而且教师与家长的沟通情况会影响家校关系。但在家长的访谈中，家长并不完全认同教师与家长的沟通情况会影响家校关系。

三、小学教师家校言语沟通途径的选择情况

根据本研究的设计，教师家校言语沟通的途径主要包含家长会、电话沟通、家访、个别约见、日常见面沟通、新媒体平台沟通。问卷各项目采用五点计分法，划分等级同上。

表 2.5　教师家校言语沟通途径的应用现状

项目	教师		家长	
	平均值（M）	标准差	平均值（M）	标准差
家长会	2.33	0.60	2.45	0.60
电话沟通	4.48	0.89	3.74	0.90
家访	2.35	0.72	1.82	0.82
个别约见	2.44	0.92	2.06	0.93
日常见面沟通	3.58	0.84	2.69	1.08
新媒体平台沟通（QQ、微信等）	3.58	0.99	3.62	1.23

表 2.5 显示，在教师视角下，教师家校言语沟通的途径取得最高值的是电话沟通（M=4.48），可见教师与家长进行言语沟通时使用最普遍、最频繁的就是电话沟通。其次是日常见面沟通（M=3.58）和新媒体平台沟通（M=3.58）。而在家长视角下，取得最高值的是电话沟通（M=3.74），其次是新媒体平台沟通（M=3.62），得分最低的是家访（M=1.82）。根据教师访谈得知，教师每天需要备课、上课、批改作业、参加各种会议，因而教师更愿意选择更便捷的沟通方式。例如，学生作业质量差，忘记带教材、饭盒等都会电话通知家长或者通过QQ、微信联系家长，家长一般都在线，看到信息后会立马回应。在言语沟通途径的应用上，得分较低的有家长会（M=2.33），课题组通过访问教师和家长得知，小学基本上每学期开一次家长会，主要集中在开学后一个月左右。从表 2.5 中我们也可以看出家访和个别约见的分值也较低，从访谈情况看，虽然学校要求教师进行家访并填写家访记录，但执行情况并不理想。

四、小学教师家校言语沟通内容的分布情况

根据本研究的设计，教师家校言语沟通的内容主要分为以下几个方面：学生的爱好和特长、学生的身心状况、学生的学习情况、学生在校的行为问题、学生的道德品质、家庭教育的理论知识、家庭教育的方法、教师与家长各自的职责，计分方法、等级划分同上。

表 2.6　教师家校言语沟通内容的分布情况

项目	教师		家长	
	平均值（M）	标准差	平均值（M）	标准差
学生的爱好和特长	2.65	0.65	2.39	0.87
学生的身心状况	3.44	1.05	3.14	1.01
学生的学习情况	4.67	0.76	4.78	0.65
学生在校的行为问题	4.12	0.91	3.93	0.64
学生的道德品质	2.46	0.80	2.72	0.75
家庭教育的理论知识	2.55	0.63	2.22	0.89
家庭教育的方法	2.79	0.70	3.16	0.99
教师与家长各自的职责	2.92	0.59	2.71	1.01

表 2.6 显示，在教师视角下，教师家校言语沟通的主要内容是学生的学习情况（M=4.67）和学生的行为问题（M=4.12），得分最低的是学生的道德品质（M=2.46），其次是家庭教育的理论知识（M=2.55），得分最高的是学生的学习情况（M=4.67）。在家长视角下得分最高的同为学生的学习情况，其次是学生的行为问题。得分最低的是家庭教育的理论知识（M=2.22），这也表明教师较少在家庭教育方面给予家长专业的指导。由此可见，教师与家长关注的点还是学生的学习情况、行为问题。

五、小学教师家校言语沟通能力的整体概况

本研究将教师家校言语沟通的能力维度分为以下内容，分别从教师和家长的

角度调查教师家校言语沟通能力的情况，采用五点计分法，等级划分同上。

表2.7　教师家校言语沟通能力的整体概况

项目	教师		家长	
	平均值（M）	标准差	平均值（M）	标准差
扎实的专业知识	3.68	0.92	3.57	1.02
恰当的沟通方式	3.68	0.82	3.51	1.22
换位思考问题	3.85	0.77	3.51	1.21
沟通的评价和反思能力	3.56	0.72	3.14	0.71
善于发现教育问题	4.01	0.79	3.48	1.06

表 2.7 显示教师家校言语沟通能力的概况，在教师视角下，善于发现教育问题得分最高（M＝4.01），处于较高水平，沟通的评价和反思能力得分最低（M＝3.56）。在家长视角下得分最高的是教师能够运用扎实的专业知识与家长交流问题（M＝3.57）。由此可见，家长比较认可教师在专业知识方面的能力，同样家长也认为教师在与家长进行沟通后缺乏评价反思（M＝3.14）。

六、小学教师家校言语沟通技巧的运用情况

教师家校言语沟通的技巧主要包含语用原则、非言语表达、沟通原则这三个方面，课题组分别从教师和家长的角度对教师言语沟通技巧的运用现状进行了调查，计分方式和等级划分同上。

表2.8　教师家校言语沟通技巧的运用情况

项目	教师		家长	
	平均值（M）	标准差	平均值（M）	标准差
言语流畅	3.96	0.88	3.60	1.02
语言表达通俗化	3.99	0.87	3.61	1.02
使用礼貌用语	4.23	0.85	3.74	1.20
不使用命令语气	4.08	1.10	3.48	0.97
随机应变能力	4.10	0.80	3.53	0.96
具有幽默感	3.72	0.93	3.12	0.79

项目	教师		家长	
	平均值（M）	标准差	平均值（M）	标准差
客观评价学生	4.13	0.78	3.58	1.05
耐心倾听倾诉	4.15	0.80	3.65	1.07
目光亲切	4.10	0.84	3.59	1.04
保持微笑	4.18	0.83	3.61	1.01

表2.8显示教师家校言语沟通技巧的运用情况，在教师视角下，得分最高的是使用礼貌用语（M＝4.23）。说明教师在与家长进行言语沟通时能够语义清楚地表达、使用礼貌用语，沟通态度比较好，在沟通的过程中基本能够做到尊重家长，倾听家长的讲述。得分最低的是具有幽默感（M＝3.72）。由此可见教师的幽默感有待提高，具有幽默感的教师与家长沟通时能够使家长感到放松，沟通自然也能顺畅。

在家长视角下，得分最高的是使用礼貌用语（M＝3.74），得分最低的是具有幽默感（M＝3.12），其次是不用命令语气（M＝3.48），在家长看来教师在与其沟通时常使用命令语气。

第二节　小学教师家校言语沟通的群体差异分析

本研究探讨了教师家校言语沟通的现状与教师的性别、教龄、学历、职务、所教班级、学校地域六个方面的关系。

一、小学教师家校言语沟通的性别差异

为了解教师家校言语沟通现状在教师性别上的差异情况，课题组将教师性别作为自变量，采用独立样本T检验的方法，检验不同性别的教师在家校言语沟通现状上是否存在显著性差异。结果如表2.9所示，所有项目的Sig（显著性）值

均大于 0.05，即在 0.05 的显著水平上，不同性别的教师在家校言语沟通的现状上并没有显著性差异。但是在教师家校言语沟通的内容、途径、言语技巧上，男教师的均值明显低于女教师。

表 2.9　小学教师与家长言语沟通的性别差异情况

项目	性别（平均值 ± 标准差）		t	p
	男（$n=29$）	女（$n=168$）		
教师家校言语沟通的内容	3.15 ± 0.23	3.21 ± 0.26	−1.157	0.249
教师家校言语沟通的途径	3.09 ± 0.37	3.13 ± 0.36	−0.534	0.594
教师家校言语沟通的能力	3.78 ± 0.74	3.75 ± 0.61	0.213	0.831
教师家校言语沟通的认知	4.34 ± 0.42	4.29 ± 0.51	0.45	0.653
教师家校言语沟通技巧的运用	3.92 ± 0.81	4.09 ± 0.70	−1.161	0.247

二、小学教师家校言语沟通的教龄差异

课题组对相关数据进行方差齐性检验，结果如表 2.10 所示，在"教师家校言语沟通的能力"这一维度上 $p < 0.01$，即教师的教龄因素在言语沟通的能力上有极显著的影响。结合这一维度的均值来看，教龄在 10 年以上的教师（M＝4.11）在"教师家校言语沟通的能力"上明显好于教龄在 10 年以下的教师。在"教师家校言语沟通技巧的运用"这一维度，教龄在 3～5 年的教师和教龄在 10 年以上的教师在言语技巧上分值较高，也存在显著性差异。在教师家校言语沟通的内容、途径，对家校言语沟通的认知维度上，教龄因素并没有产生显著影响。

表 2.10　小学教师家校言语沟通的教龄差异情况

项目	教龄（平均值 ± 标准差）				F	p
	3 年及以下（$n=47$）	3—5 年（$n=77$）	5—10 年（$n=33$）	10 年以上（$n=40$）		
教师家校言语沟通的内容	3.23 ± 0.27	3.16 ± 0.28	3.14 ± 0.23	3.27 ± 0.19	2.649	0.05
教师家校言语沟通的途径	3.13 ± 0.35	3.12 ± 0.34	3.13 ± 0.40	3.13 ± 0.40	0.013	0.998
教师家校言语沟通的能力	3.77 ± 0.52	3.71 ± 0.63	3.42 ± 0.71	4.11 ± 0.50	8.347	0.000**

续表

项目	教龄（平均值 ± 标准差）				F	p
	3年及以下 （$n=47$）	3—5年 （$n=77$）	5—10年 （$n=33$）	10年以上 （$n=40$）		
教师对家校言语沟通的认知	4.24 ± 0.46	4.31 ± 0.40	4.27 ± 0.74	4.38 ± 0.46	0.568	0.637
教师家校言语沟通技巧的运用	3.93 ± 0.75	4.20 ± 0.58	3.84 ± 0.84	4.14 ± 0.77	2.742	0.044*

$*p < 0.05$　$**p < 0.01$

三、小学教师家校言语沟通的学历差异

　　课题组对相关数据进行方差齐性检验，将显著性水平设置为0.05，分析不同学历的教师在家校言语沟通现状上的差异，结果如表2.11所示。课题组通过使用单因素方差齐性检验发现教师的学历在"教师家校言语沟通技巧的运用"这一维度上存在显著性差异，根据均值分析，学历为本科的教师在与家长沟通时言语技巧最高，均值为4.13。

表2.11　小学教师与家长言语沟通的学历差异情况

项目	学历（平均值 ± 标准差）			F	p
	专科及以下 （$n=22$）	本科 （$n=150$）	硕士及以上 （$n=25$）		
教师家校言语沟通技巧的运用	3.73 ± 1.02	4.13 ± 0.69	3.96 ± 0.45	3.316	0.038*
教师家校言语沟通的认知	4.30 ± 0.37	4.32 ± 0.53	4.19 ± 0.38	0.68	0.508
教师家校言语沟通的能力	3.70 ± 0.69	3.78 ± 0.63	3.67 ± 0.56	0.409	0.665
教师家校言语沟通的内容	3.16 ± 0.23	3.21 ± 0.26	3.19 ± 0.29	0.345	0.709
教师家校言语沟通的途径	3.03 ± 0.46	3.14 ± 0.35	3.13 ± 0.36	0.849	0.429

$*p < 0.05$

四、小学教师家校言语沟通的职务差异

　　课题组同样对相关数据进行了方差分析，结果如表2.12所示，教师的职务在"教师家校言语沟通的内容""教师家校言语沟通的途径"这两个维度上存在

极其显著的差异。根据均值分析，班主任、学校管理层在这两个维度上好于任课教师。在"教师家校言语沟通的内容"这一维度，班主任、学校管理层的均值均为3.29，而任课教师的均值为3.09。在"教师家校言语沟通的途径"这一维度上，班主任均值高于任课教师和学校管理层。对于"教师家校言语沟通技巧的运用""教师对家校言语沟通的认知""教师家校言语沟通的能力"这些维度，不同职务均表现出一致性，并没有显著差异。但班主任在各个维度上的均值都要高于任课教师，说明班主任家校言语沟通的总体现状要好于任课教师。

表 2.12　小学教师家校言语沟通的职务差异情况

项目	职务（平均值 ± 标准差）			F	p
	任课教师（$n=91$）	班主任（$n=92$）	学校管理层（$n=14$）		
教师家校言语沟通时的技巧运用	4.03 ± 0.72	4.09 ± 0.74	4.11 ± 0.55	0.171	0.843
教师家校言语沟通的认知	4.23 ± 0.53	4.37 ± 0.48	4.27 ± 0.32	2.002	0.138
教师家校言语沟通的能力	3.67 ± 0.69	3.82 ± 0.57	3.94 ± 0.47	1.951	0.145
教师家校言语沟通的内容	3.09 ± 0.24	3.29 ± 0.25	3.29 ± 0.21	16.316	0.000**
教师家校言语沟通的途径	2.95 ± 0.33	3.29 ± 0.30	3.21 ± 0.41	26.013	0.000**

$**\ p < 0.01$

五、小学教师家校言语沟通的班级数量差异

表2.13为教师家校言语沟通的情况在任教班级数量上的差异。其中"教师家校言语沟通的内容""教师家校言语沟通的途径"这两个维度的差异性最为显著，教师任教班级的数量为一个和两个的均值高于任教班级为三个和四个及以上的，与教师家校言语沟通的现状在不同职务上的差异相同。任教班级数量为三个和四个的多为任课教师，而班主任一般任教一个班或者两个班。

表 2.13　教师与家长言语沟通的班级数量差异情况

项目	任教班级数（平均值 ± 标准差）				F	p
	一个（$n=104$）	两个（$n=45$）	三个（$n=19$）	四个及以上（$n=29$）		
教师家校言语沟通技巧的运用	4.02 ± 0.75	4.05 ± 0.78	4.23 ± 0.51	4.14 ± 0.63	0.588	0.624

续表

项目	任教班级数（平均值 ± 标准差）				F	p
	一个（n=104）	两个（n=45）	三个（n=19）	四个及以上（n=29）		
教师家校言语沟通的认知	4.33 ± 0.45	4.28 ± 0.68	4.22 ± 0.40	4.26 ± 0.37	0.4	0.753
教师家校言语沟通的能力	3.79 ± 0.56	3.62 ± 0.80	3.83 ± 0.55	3.79 ± 0.59	0.916	0.434
教师家校言语沟通的内容	3.26 ± 0.25	3.26 ± 0.22	2.99 ± 0.15	3.00 ± 0.25	15.953	0.000**
教师家校言语沟通的途径	3.20 ± 0.35	3.13 ± 0.37	2.97 ± 0.35	2.96 ± 0.34	4.745	0.003**

** $p < 0.01$

六、小学教师家校言语沟通在城乡上的差异

如表 2.14 所示，教师家校言语沟通在"言语沟通的途径"这一维度上的城乡差异最为明显，农村学校在这一维度的均值为 3.05，而城市小学在这一维度上的均值为 3.19。城市小学和农村小学在"教师家校言语沟通的能力""教师家校言语沟通的内容"这两个维度存在显著差异，在"教师家校言语沟通技巧的运用""教师家校言语沟通的认知"这两个维度上没有显著性差异。从总体情况来看，城市小学教师家校言语沟通的现状好于农村小学教师。

表 2.14　教师家校言语沟通现状在不同学校的差异比较

项目	平均值 ± 标准差		t	p
	农村小学（n=97）	城市小学（n=100）		
教师家校言语沟通技巧的运用	4.05 ± 0.69	4.08 ± 0.74	−0.348	0.728
教师家校言语沟通的认知	4.23 ± 0.55	4.36 ± 0.43	−1.862	0.064
教师家校言语沟通的能力	3.65 ± 0.64	3.86 ± 0.59	−2.483	0.014*
教师家校言语沟通的内容	3.16 ± 0.25	3.23 ± 0.27	−1.981	0.049*
教师家校言语沟通的途径	3.05 ± 0.39	3.19 ± 0.33	−2.715	0.007**

* $p < 0.05$　** $p < 0.01$

问卷与访谈的结果显示，农村小学与城市小学的教师在"教师家校言语沟通

的能力""教师家校言语沟通的内容""教师家校言语沟通的途径"上存在显著性差异。

> **研究者**：您认为农村小学教师家校言语沟通存在哪些困难？
>
> **教师E**：个人认为农村小学教师家校言语沟通不理想跟家长的素质有关。大部分农村家长希望孩子把所有心思都用在学习上，要通过读书来改变自己的命运。还有家长对孩子的一切都漠不关心，认为家长唯一的责任就是供他们吃穿，至于孩子的学习、心理、兴趣爱好更是关注极少。
>
> **教师F**：首先，作为农村教师群体我们各方面的素质、接受的培训要差一些，自然在与家长沟通时欠缺技巧。其次，部分教师存在懒惰情绪，也不太在意与家长的沟通，作为家长愿意管就管，不管也没办法。再次，考核标准问题，学校不会把家校沟通列为考核项目，只要班上成绩好，领导和家长就喜欢你。最后，农村小学的家长在学历、收入等方面要差一些，不知道该如何与教师沟通，而且农村小学大部分都是留守儿童，祖辈家长更不关心与教师的沟通，只管孙子吃饱穿暖。
>
> ——摘自课题组关于教师E、F的访谈调查实录

通过调查发现农村小学的教师在与家长言语沟通的能力上比较欠缺，在教师与家长言语沟通时缺少反思和评价。农村小学教师与家长言语沟通的方式比较单一、沟通频率不高。农村小学教师与家长言语沟通的内容涉及范围比较窄，多是学生的学习情况和在校的行为问题，学生的爱好和特长发展及家庭教育的内容没有得到重视。

七、调查结论

（一）关于小学教师家校言语沟通的总体概况

第一，重庆市小学教师家校言语沟通现状抽样调查显示：教师视角下教师家校言语沟通的总体概况较好，均值为3.56。家长视角下教师家校言语沟通的情况处于一般水平，均值为3.25，说明家长对目前教师家校言语沟通的情况并非十分满意。

第二，重庆市小学教师家校言语沟通的教师抽样问卷调查显示：教师家校言语沟通各维度得分排名最高的是教师对家校言语沟通的认知，得分最低的是教师家校言语沟通的途径。这表明大多数教师对家校言语沟通的认知水平较高，能够认识到家校沟通的重要性。但教师家校言语沟通途径的应用不理想，传统家校沟通方式没有得到合理利用。

第三，重庆市小学教师家校言语沟通的家长抽样问卷调查显示：教师家校言语沟通各维度得分排名最高的是教师家校言语沟通技巧的使用，得分最低的是教师家校言语沟通的途径。这表明家长比较认可教师与其言语沟通时运用的技巧，但对沟通的途径并不满意，其中家访得分最低，说明教师进行家访的频率很低、效果不佳。

（二）关于小学教师家校言语沟通的群体差异情况

第一，总体来看，教师自身的人口学因素会对教师家校言语沟通的情况产生一些影响。从差异比较来看，教师家校言语沟通的情况在教师的教龄、学历、职务、任教班级的数量、学校地域等方面存在显著差异。

第二，在性别方面，教师家校言语沟通的情况在性别上没有显著差异；在教龄方面，不同教龄的教师在家校言语沟通的能力上有显著的差异；在学历方面，不同学历的教师在"家校言语沟通技巧的运用"这一维度上存在显著性差异；在教师的职务和任教班级的数量方面，"教师家校言语沟通的内容""教师家校言语沟通的途径"这两个维度上存在极其显著的差异；在学校地域方面，农村小学与城市小学的教师在"教师家校言语沟通的能力""教师家校言语沟通的内容""教师家校言语沟通的途径"等维度上存在显著性差异，在"教师家校言语沟通的途径"上存在极其显著的差异。

第三，根据小学教师家校言语沟通的群体差异情况可得出以下结论：班主任与家长的言语沟通现状明显好于任课教师；教龄在 10 年以上的教师在沟通能力上明显好于教龄在 10 年以下的教师；城市小学的教师家校言语沟通的情况好于农村小学的教师。

第三节　家校言语沟通存在的主要问题

一、教师对家校言语沟通的认识有误

一些教师在处理和家长的关系时总有种高高在上的感觉，认为自己是受过师范教育的专业人士，再加上有多年的教师实践经验，与家长沟通时表现出强势的态度、不愿听取家长的意见，这种态度和价值观需要改变。通过教师对家校言语沟通的认知情况的调查结果可知，"家长是学校教育的协助者"这一题目的均值为4.26，在认知情况中得分排在倒数第二。

> **研究者**：平时教师会主动跟家长合作、听取家长的意见吗？
>
> **家长A**：有时候自己对教育有些想法，也不敢跟教师提出来，害怕引起教师的反感。
>
> **家长E**：有时候也会征求我们的意见，但我们家长懂得不多，一般听他们老师安排。有一次在班级群里，一家长建议教师在放学前把当日的作业发群里，教师回复了一长串的信息，字里行间很是不满，从此以后就再没有家长对作业布置提出异议。
>
> ——摘自课题组关于家长A、E的访谈调查实录

> **研究者**：在您与家长的沟通中遇到什么困难吗？您认为是什么原因导致的？
>
> **教师E**：期末复习这段时间，放学后我会留一些学生进行辅导，也会提前给家长说明情况，家长同意了就晚点来接孩子，结果一些家长就在门口说瞎话，认为我们老师想有偿补课，故意把学生留下来。哎，有些家长真的是素质堪忧，令人心寒。
>
> ——摘自课题组的关于教师E的访谈调查实录

通过调查可以看出一部分教师没有把家长作为平等的教育伙伴，教师负责安排，家长更多的是服从者。长此以往，教师处于绝对主角的位置，家长处于被动地位，积极性肯定会受到挫伤，不利于教师与家长的深入交流，从而影响教师与家长的沟通效果。

二、教师家校言语沟通的主动性不强

部分教师错将与家长的言语沟通理解为教师仅仅负责告诉家长孩子在学校的情况，甚至是在孩子表现不好、犯错误时才与家长沟通。也有教师不关心学生的家庭情况，不去了解学生在家庭中的表现。从上一章问卷调查的结果来看，教师对家校言语沟通的认知处于较好水平，但"教师主动与家长沟通"这一题的均值为 4.16，在认知维度中这一项目得分最低。

> **研究者：** 在您与家长的沟通中，您会主动去了解学生在家的情况吗？一般什么情况下会主动跟家长沟通呢？
>
> **教师 C：** 还是会主动与家长沟通，但是大多数情况是在孩子表现不好、犯错时向家长反映情况，让家长配合教育。
>
> **教师 J：** 我主动找家长沟通得比较少，这些家长也不怎么问学生的情况。而且学生在学校由教师负责，在家里的情况自然是家长负责，作为教师我做好自己分内的事就够了，当然家长愿意主动分享学生在家的情况，我们老师也是愿意了解的。
>
> ——摘自课题组关于教师 C、J 的访谈调查实录

充分认识家校合作的重要性是家校合作顺利开展的重要前提。[1] 问卷调查和访谈调查的结果显示教师与家长沟通的主动性有待加强，不少教师主动与家长沟通更多的是向家长"反映问题"。不能正确认识教师家校言语沟通的作用和不能正确认识教师角色在家校沟通中的作用都会对教师与家长的沟通带来消极影响。

---

[1] 张勇. 从沟通走向合作——形成家校教育合力的必然途径 [J]. 教育科学研究，2011（3）：61-64.

三、任课教师家校沟通的行动力较弱

据调查，班主任家校言语沟通的现状好于任课教师家校言语沟通的情况，尤其是在教师家校言语沟通的内容、教师家校言语沟通的途径上存在极其显著性的差异。任课教师家校言语沟通的内容这一维度的均值为3.09，教师家校言语沟通的途径这一维度的均值为2.95，得分排名最低。由此可以看出任课教师在家校沟通方面的行动力较弱。

> **研究者：**您认为作为任课教师有与家长沟通的责任和义务吗？
>
> **教师 D：**各司其职！我们又不是班主任，不该我们关心的事情自然就不用操心，把自己学科的工作做好就行了，而且家长找我们也是聊孩子这一学科的学习情况。
>
> **教师 F：**这就是我不想当班主任的原因，最烦跟家长打交道。其实任课教师也不轻松，教几个班，不可能像班主任一样关注到每个学生、每个家庭。
>
> ——摘自课题组的关于教师 D、F 的访谈调查实录

> **研究者：**孩子班上的任课教师与您交流的机会多吗？
>
> **家长 D：**跟语文、数学老师交流机会多些，其他科的老师交流机会少，还有个别老师从来没见过。
>
> ——摘自课题组关于家长 D 的访谈调查实录

通过调查我们发现长期以来家校沟通都是班主任"一肩挑"，班主任被视为与家长进行沟通、开展合作的专属负责人，使得许多学科的任课教师都把家校沟通工作扔给班主任，觉得与自己无关。

四、教师家校言语沟通的内容单薄

（一）教师家校言语沟通的内容单一

《全国家庭教育状况调查报告（2018）》显示家长最关注孩子的学习情况，

在调查报告中学生更希望家长可以关注自己的爱好特长。[①]通过问卷调查可发现，在教师视角下沟通内容维度中得分最高的是"学生的学习情况"（M＝4.67）。在家长视角下，学生的学习情况得分也最高（M＝4.78），可见学生的学习情况确实是教师与家长沟通得最多的内容。而学生的爱好特长、学生的道德品质平均值分别为 2.65 和 2.46，这表明教师与家长的言语沟通存在一定程度的"重智轻德"倾向。

> **研究者**：问卷调查显示学习情况是教师家校沟通最主要的内容，您认为是什么原因造成的？除学习情况外您与家长沟通比较多的是什么？
>
> **教师 A**：作为教师，我们也知道学生的道德品质、身心健康很重要，平时也会关注，但是大部分孩子在这些方面都没问题。马上小升初了，家长也希望了解孩子的学习情况，都在到处打听学校和考试内容。
>
> **教师 H**：我们一天的工作被安排得满满的，只要早上一踏进学校大门就没有清闲的时候，一天哪有工夫去和家长闲聊。一般都是跟家长反映学生最近的学习情况，比如：考试考差了、作业完成得不好啊。当然也会跟家长沟通学生在校的行为问题，我们班男生多，喜欢疯跑、打架，遇到这种情况我都会跟家长如实反映，让家长对他们进行批评教育。
>
> ——摘自课题组关于教师 A、H 访谈调查实录

从结果中可以看出目前很多教师与家长都处于比较焦虑的状态，在这样的背景下，教师与家长的关注点更多是在学习情况上，使得教师与家长间的沟通内容过于单一，难以形成真正意义上的沟通。并且不少研究表明学生在不同领域的发展并不是孤立的，而是相互关联、相互影响的。

（二）家庭教育内容的缺失

有些家长错误地把教育子女的责任推给学校，忽视了家庭教育。问卷调查的结果显示，在教师家校言语沟通内容的维度中，家庭教育这一内容分值很低，家庭教育的理论知识（M＝2.55）、家庭教育的方法（M＝2.79）、家长与教师各自的

---

① 边玉芳，田微微.对家长教育问题的思考与对策——基于《全国家庭教育状况调查报告（2018）》部分结果解读 [J].中国德育，2019（3）：37-41.

职责（M＝2.92）这三个方面的情况也不乐观。在家长视角下，家庭教育这一内容的分值也很低，家庭教育的理论知识的均值为2.22。说明在教师家校言语沟通中，家庭教育方面的内容没有引起重视。

> **研究者：** 在平时的工作中，您会与家长沟通关于家庭教育的内容吗？
>
> **教师B：** 在家庭教育这方面，我们也会要求家长跟孩子进行亲子阅读、多陪伴孩子，教育孩子时要注意方式、方法，但我觉得自己在这一块的理论知识也比较欠缺。不过我也会担忧作为教师我们应不应该去插手学生的家庭教育，这样会不会引起家长反感。如果家长请教我该怎么开展家庭教育，我还是会帮他出谋划策。
>
> **教师C：** 也会有，但在这方面感觉自己不够专业，没有发言权。我们办公室的老师很多都是年轻教师，还没有生儿育女，甚至还没组建家庭，所以在家庭教育这块显得没有信心。自身的家庭教育专业知识、经验不足。
>
> ——摘自课题组关于教师B、C的访谈调查实录

调查问卷和访谈结果显示：教师与家长关于家庭教育内容的沟通较少，部分教师认为不该插手学生的家庭教育，也有教师认为自己没有相关的专业知识，不能给家长很好的指导。

五、教师家校言语沟通的形式过于单向

（一）教师家校言语沟通途径的应用不平衡

新媒体平台成为很多教师在与家长言语沟通时主要的沟通方式，传统的家校沟通途径被弱化，由此可见，教师在家校沟通途径的应用上非常不平衡。通过调查可以发现，打电话、新媒体平台沟通（QQ、微信等）是目前教师家校言语沟通用得最多、最普遍的沟通方式。而一些传统的家校沟通方式，如家访、家长会等使用频率很低，在教师问卷中的均值分别为2.35、2.33，都处于比较差的水平。在家长问卷中家访的均值为1.82，家长会、个别约见的均值也很低，分别为2.45和2.06。

> **研究者**：老师通常采用什么方式与您联系？
>
> **家长B**：不怎么跟我联系，都是我主动去问老师。他们老师一天要在那个什么群（QQ群）发信息，我一个老年人弄不来那些（不会使用QQ）。娃儿聪明，搞得懂（会使用），他自己放学了回来看。
>
> **家长E**：发微信的情况比较多、比较方便，有时候也会打电话。
>
> ——摘自课题组关于家长B、E的访谈调查实录

调查结果显示：电话、QQ等成为家校沟通的主要途径，个别约见、家访、家长会等的应用水平很差。在教师看来，家访、家长会这种传统的家校沟通方式时间成本太高，实施起来难度大。但也有家长表示对新媒体技术的掌握不够，不善于运用QQ或微信，一些基础的电脑操作、通信工具的使用让他们十分头疼。

（二）新媒体沟通平台的单向传输

通过家长的访谈可知部分教师把新媒体沟通平台（QQ、微信等）用来公布学生的作业和考试成绩情况，把新媒体沟通平台当作单向传输的工具，教师与家长言语沟通的内容存在片面性。

> **研究者**：教师通常用QQ或者微信与您沟通什么内容呢？
>
> **家长E**：他们老师每天就是在群里发作业、发通知，还要求家长收到必须回复，一打开QQ全是家长的回复，有时候就会漏看教师发的信息，就搞忘了在通知单上签字，第二天娃儿去上学，被老师一顿批评。
>
> **家长F**：我最怕打开她们班群，比我工作群里的任务都多！一会儿填表格、一会又要填资料。
>
> ——摘自课题组关于家长E、F的访谈调查实录

部分教师错将新媒体沟通平台当作单向传输的通道，而家长只是充当被动的角色，少有发言机会，这样的形式谈不上沟通，起不到实效。作为教师在开展家校合作时不能只考虑自己工作的便利性而忽视家长的需要。而且教师在与家长言语沟通时通过新媒体沟通平台所表达出来的言语生硬死板，给人难以接近的感觉，造成沟通不畅。

（三）传统家校沟通方式的缺失和形式化

尽管很多学校没有完全放弃传统的家校沟通方式，但是使用频率低，内容、流程相对固定。调查结果显示：传统的家校沟通方式（家访、家长会等）使用频率很低，均值分别为2.35、2.33，都处于比较差的水平。虽然随着互联网、现代通信手段的普及，新媒体沟通平台给教师与家长间的沟通提供了很多便利，例如使用电话、QQ、微信等方式沟通很便捷。但是传统的家校沟通方式有着不可替代的优势，家长会、家访等面对面的沟通更有利于教师与家长情感的沟通、信息的互动，更能增进彼此的相互理解和信任。

研究者：您本学期有进行过家访吗？您认为是什么原因导致家访使用频率低？

教师B：为了完成任务，电话联系了几个家长。学校一般要求教师在开学前进行家访，但比较看重对一年级新生的家访，其他年级相对宽松些。再加上我们平时工作一大堆，周一至周五被安排得满满的，好不容易盼来周末都想着陪陪家人，还要送自己的娃儿去上兴趣班，哪有时间去家访哟。

教师D：我最反感家访，个人认为没有必要，有家长会觉得我们老师去家访动机不纯。

教师E：开过一次家长会，还没有家访。我们教师也很无奈，去家访还要提前与家长联系，有时候去学生家里进行家访，只有学生的爷爷奶奶在家，跟老人沟通起来比较困难。

——摘自课题组关于教师B、D、E的访谈调查实录

研究者：您孩子班上一般一学期开几次家长会？家长会的内容主要是什么？

家长A：有时候要开一次，有时候又没开。主要是老师讲哪些学习好、哪些学习不好。

家长D：一般一学期开两三次，有时候就开学初开一次。反正都是讲那些，每次都差不多，这次我让他爸去开的。

家长E：一般是开学后一个月开，不过说实话她上一二年级的时候开家长会我还很积极，认真听、做笔记，现在都不想去了。一般都是固定流程，毫无新意，先是班主任介绍班级情况、学期计划、语文学科学习情况，再是数学老

师介绍数学学科学习情况、数学学习方法，有时候会请个别成绩好的娃儿的家长进行经验分享。

——摘自课题组关于家长 A、D、E 的访谈调查实录

传统的家校沟通方式使用频率低，一些学校比较看重对新生的家访，安排教师对一年级新生进行家访，对其他年级的要求是重点家访，主要是针对班级里情况特殊的学生家庭。在访谈中我们了解到，一部分教师从未采取过家访的沟通形式，对于学校提出的家访要求选择了用电话沟通取而代之。也有家长表示家长会内容流程固定，家长只是一个被动的接受者，没有办法进行深入的交流，达不到预期的目的。

六、教师家校言语沟通的技巧不足

（一）教师与家长言语沟通时气氛沉闷

苏联教育家斯维特洛夫说过："教育家最主要、也是第一位的助手是幽默。"教师语言的幽默，能够改善教师与家长言语沟通的氛围，缓解双方的紧张情绪，使双方在心理、感情上接近和融合，这才有助于教师与家长的友好沟通。在教师问卷和家长问卷中"具有幽默感"这一题的均值最低，说明教师与家长语言沟通时教师的幽默感不足，沟通氛围不够轻松。

研究者：您与家长的沟通氛围如何？

教师 A：我能感受到家长跟我之间是有距离感的，甚至他们有些畏惧我。可能是因为我经常批评孩子，在跟家长交流时，更多的是聊学生的问题行为或者学习情况，会让家长觉得我是一个不苟言笑、不易接触的人。但家委会的妈妈们跟我沟通得比较多，关系比较近，交流起来就很和谐。

教师 C：我是中途接这个班的，感觉还没完全得到家长的支持和配合，所以沟通时大家表面很客气，背地里他们建了一个没让教师加入的家长群，经常在里面吐槽。但是作为班主任，我每天的工作也很烦琐，不可能委屈自己来讨好家长。

——摘自课题组关于教师 A、C 的访谈调查实录

总体上来看，教师家校言语沟通的能力是比较好的，语言技巧的运用也不错，但是个别层面还有待提高。通过调查我们了解到教师也认识到自己在与家长沟通时言语技巧的问题，导致与家长沟通时有距离感、氛围不佳。也有教师表示家长的不信任、不认可让其感到委屈。

（二）教师与家长沟通时表达方式不得体

据了解，教师与家长之间的沟通经常是"告状式"沟通、"训斥式"沟通，自然沟通的气氛就比较凝重，达不到有效沟通的目的。家长问卷的调查结果显示在教师家校言语沟通技巧的运用方面，"不用命令的语气"这一项均值为3.478，分值排在倒数第二，在家长看来教师在与其沟通时常使用命令语气。

> **研究者**：您与家长沟通时语气如何？会刻意提醒自己注意说话时的语气么？
>
> **教师F**：多数情况会，但也有着急的时候，说话就没那么客气，可能会给家长不舒服的感觉。
>
> ——摘自课题组关于教师F的访谈调查实录

> **研究者**：教师与您沟通时语气如何？
>
> **家长D**：有时候很害怕接到教师的电话，甚至是反感接到教师的电话。一般是孩子在学校惹祸了，教师很着急，有时候把我们家长数落一通，搞得我们家长也很郁闷。不过也能理解教师，至少她的出发点是好的，只是希望教师与家长沟通时语气委婉一些，毕竟我们家长也希望孩子能够学好。
>
> ——摘自课题组关于家长D的访谈调查实录

调查结果显示教师在与家长言语沟通时存在一些误区，通常会出现不尊重家长、对家长的理解不够等现象，教师与家长交流时的语言、体态动作等都会影响家长对信息的接受和选择。

第四节　家校言语沟通问题存在的成因

针对家校沟通存在的问题，本书分别从社会层面、学校层面、教师层面和家长层面进行问题的原因分析。

一、社会层面的原因

（一）社会缺乏对教师家校言语沟通表达的专业指导

教师与家长的言语沟通是一项专业性极强的工作，不同于某一学科的教育教学，而大多数教师比较缺乏与家长言语沟通、与家长合作等相关内容的培训。在访谈调查中，不少教师表示虽然自己有主动与家长沟通的意识，但与家长言语沟通时有畏难情绪。据了解，教师都没有接受过沟通心理与技巧方面的培训，不清楚该怎样与家长合作、怎样让家长更多地参与到班级事务中。沟通活动的进程完全依仗个人感觉和实践经验，与家长的沟通工作都是自己摸索进行，缺乏科学的方式方法，在与家长言语沟通时难免出现问题。教师在与家长言语沟通时表现出了一系列问题：言语技巧不足、内容单薄、对家校言语沟通的认知不足等。这也证明了教师在与家长言语沟通时专业知识不足、专业技巧缺乏、专业价值观有待转变。社会作为家校社共育的重要支持力量，应该发动其广泛优质的资源为教师提供专业培训。观念的转变是行为转变的开始，首先要通过微信公众号等各种媒介对教师进行宣传教育，让教师认识到与家长言语沟通的重要性和必要性。其次，通过专家讲座或者专题研讨，让教师学习和掌握前沿的家校言语沟通的基本理论，结合实际案例学习优秀的家校言语沟通的实践经验或者模式，还可以为教师制定家校言语沟通实践操作手册，为教师与家长进行言语沟通提供专业指导。

（二）社会提供的家校社共育的场所条件不够

家校社共育是家庭、学校、社会在明确主体责任的情况下多方配合，为了使学生得到更为完整和全面的教育，其学习场所、学习活动等就不应局限在学校中，学生还可以在家学习、在社区学习、去研学旅行等。社会力量的参与能够扩大学生的学习空间，为学生提供更多的学习资源和实践机会，也可以为家校共育提供更多的支持，比如可以通过社区向家庭提供心理咨询室，为家校共育提供活动场所。但是在实际中，家校共育活动一般都是在校内进行，比如通过家长开放日、亲子运动会，较少在校外进行。一方面社会力量缺乏对学校和家庭教育活动进行赞助和支持的积极性，较少与学校一起联合开展家校社共育活动，限制了家校言语沟通活动场域的拓展。另一方面部分社会场所或单位作为学校实践基地，为学校和家庭提供的资源服务和配套设施并不完善，不能完全满足家校共育活动的需要，因此也就削弱了学校和家长在外进行沟通交流的意愿。

二、学校层面的原因

（一）学校有关落实家校沟通的制度有所欠缺

有学者提出，学校的组织和行为是造成家长参与意愿与实际参与行为之间存在落差的主要因素。[①]家校沟通的考核与评价对教师与家长的言语沟通具有激励和正面导向作用，可以监督教师家校言语沟通的顺利进行，但是通过调查我们了解到教师家校言语沟通的内容、方式、频率等都是自主决定的，目前绝大多数学校对教师与家长的言语沟通没有严格的制度要求和考核体系。在访谈中，S小学虽然每个班级都有班级微信群，但是没有明确的规章制度，没有统一的要求，每一个班级老师都是根据自己班级的实际情况自行处理，遇到问题时再去解决问题。例如D老师提道："学校最开始只是建议班级可以建立班级微信群，具体的操作都是我们老师自己在弄，也没有思考太多，想着先建立起班级微信群再说，结果后面问题一大堆，比如在微信群里分享学生成绩，某个家长打广告、发红包等，具体怎么解决也没有参考，一开始也不知道建立规章制度，只能我们老师之间互相借鉴。"由于教师家校言语沟通缺乏考核标准和管理制度的约束，教师家校言语沟通这项工作没能落实。班主任表示其主动与家长沟通主要是为了班

---

① 吴重涵，张俊，王梅雾.是什么阻碍了家长对子女教育的参与：阶层差异、学校选择性抑制与家长参与 [J].教育研究，2017，38（1）：85-94.

级的日常管理，而任课教师没有班级管理考核压力，所以与家长沟通时行动力较弱。农村小学教师在家校沟通方面欠缺主动性，认为这与绩效考核无关，会产生多一事不如少一事的懒惰心理，不注重与家长的日常沟通。由于缺乏制度保障和考核标准，削弱了教师家校言语沟通的积极性，使得教师与家长的言语沟通流于形式，出现主动性不强、家庭教育内容遭到忽视、教师家校言语沟通形式单一等问题。

（二）学校缺乏有关提升教师家校言语沟通能力的培训

由于相关理论知识的不足以及实践经验的缺乏，很多教师尤其是新任教师很难及时正确地解决与家长的沟通问题，特别是在遇到较为偏激的家长时，新教师往往不知所措。家校沟通是学校教师必须要面对的难题，但是在当前的学校对教师的培训中，鲜有关于教师家校沟通的培训课程，许多教师愿意多加学习，但由于课程开设不足，无法满足教师需求，造成家校沟通上的问题。例如课题组在访谈中了解到，X 小学的新教师在上岗前会经过 2 个月的教学培训、学习课标、自主备课、熟悉班主任工作事宜。但是没有将如何与家长沟通放入新教师职前培训中。教师 A 表示："没有，主要讲教材还有备课。"教师 J 则说："暑假期间就开始把一学期的教案整理出来，学校还需要进行评课，有关于班级管理工作内容的讲解，没有家校沟通的培训。"由于没有对教师进行沟通相关的培训，许多教师面对家长的心态没有及时调整，常常会刻意回避与家长沟通，与家长沟通的动力不足。大部分学校的校本培训对教委培训资源的依赖性大，难以开展对班主任沟通技巧的主题培训。班主任缺少提升沟通技巧、扩充沟通知识的机会。

（三）学校针对家校良好言语沟通的相关监管不健全

规章制度是家校共育合作的基础，建立完备的规章制度有利于沟通的有章可循，家校双方才能更好地为促进教育目标而共同努力。家长委员会作为家校沟通交流的桥梁，也对教育教学方面的监督评价起着重要作用。但是当家长和学校出现矛盾时，家长委员会往往形同虚设，没有介入家校之间的沟通和交流，也没有设置专门的联络人进行协调，给需要沟通咨询的教师或家长提供渠道。比如家长遇到问题时直接在班级群进行抱怨，致使其他家长受到影响，不但问题没有解决，还可能影响整个班级的良好风气。教师在教学和学生升学的压力下，各类工作应接不暇，没有多余的时间和精力去处理其他事务，也没有精力顾及和家长随时联系。家委会对学校及班级各项事务的监督具有较强的局限性，对学校及班级的监督频率不确定。由于学校的监管不健全，教师和家长都没有章法可循，家校间的联系较为随意，没有系统的组织。教师忙于教学工作，家校合作只是业余的谈论点；家长则忙于工作，家校合作意识没有深入其中。

（四）家校交流平台言语沟通的使用功能有待完善

当前教师与家长的沟通越来越倾向通过网络社交平台进行，原因在于方便快捷，但是网络沟通存在很多缺点。首先是网络社交平台具有一定的隐私性，工作和生活结合难免会让教师和家长受到相应的困扰。很多教师认为用其他方式联系家长较为麻烦，大多时候难以联系上，所以网络联系有助于减少工作量。但是在和家长联系的过程中，却由于不规范造成家校沟通的缺点被放大。例如家长分享无关消息在微信群，造成微信群其他家长的不满。其次从家长角度出发，当工作完成回到家中再接到相应的学校任务，会让家长产生排斥和抵触心理。没有专门的沟通平台，容易将工作和生活混淆，加重家长的负担，也容易加重教师和学校的负担。此外，家长也难免会通过网络社交平台处理工作，过多的消息让家长难以及时接收到学校的信息，交流沟通有时无法及时反馈。所以专门的家校沟通联系平台可以促进家校间的联系更加有效和紧密。

三、教师层面的原因

（一）教师家校沟通的内容缺乏专业性

教师家校沟通专业性的缺乏主要表现在以下三个方面：第一，教育理念存在偏颇。一方面教师只重视智育，忽视其他方面的教育，这就导致教师将学习方面的表现作为选择沟通对象的单一维度，忽视了学生其他素质方面的表现，沟通对象仅仅局限于成绩差、违纪多的学生家长，难以覆盖全班的家长。另一方面是对家校共育的理解存在偏差，认为家长只需简单地配合班级工作即可。在此情况下，教师单方面将家长的责任定位于学校教育的"帮手"，教师并没有意识到双方地位是平等的。第二，缺乏家校沟通教育的理论知识，在家校沟通过程中没有相应的理论支撑，沟通不畅自然也是常态。当然许多教师是期望学习相关知识的，但是由于相关课程的缺乏和经验的不足，导致家校沟通情况不尽如人意。第三，没有掌握家校沟通技巧的相关知识，例如教师在进行沟通前对家长背景情况的了解不足，这就会导致在沟通过程中家长和教师产生生疏感。其次是沟通前不会进行气氛调节，一般是直入主题，偶尔有部分教师会询问家长是否方便交流，然后就是直截了当地进行问题描述，家长会认为教师较为严肃。最后是教师自己的评价与反思不足，家长 D 说："有时候很害怕接到教师的电话，甚至是反感接到教师的电话。一般是孩子在学校惹祸了，教师很着急，有时候把我们家长数落一通，搞得我们家长也很郁闷。不过也能理解教师，至少她的出发点是好的，只是希望教师与家长沟通时语气委婉一些，毕竟我们家长也希望孩子能够学好。"（出自家长 D 的访谈调查实录）

（二）教师缺乏与家长联系的积极性

教师缺乏主动与家长沟通的积极性主要是以下两个原因造成的：第一，教师对家校沟通的认知缺乏时代性。随着时代的发展，家长的素质也随之提升，传统的"传道授业解惑"在现在的家长看来只起辅助作用，以往的尊师重教受到冲击，致使家长对学校的老师不闻不问，觉得在学校里学不到什么，也不和教师保持沟通。家长主动向教师询问的情况，如今变得越来越少，而教师还是采用惯性思维，有了事情才和家长沟通，具有滞后性。正因为教师不更新旧有观念，等待家长联系或者出了问题才和家长联系，造成家校沟通的不完整性。第二，缺乏相关的制度考核致使教师也没有动力去实施家校沟通工作。教师作为教育者，将更多的心思和精力放在教学工作上，当学生出了问题才想起和家长联系，为时晚矣。另外，即使教师在家校沟通上付出了很多的精力，但是没有得到相应的经济回报，获得的满足感、成就感也不够，从而教师主动进行家校沟通的积极性也逐渐降低。

（三）青年教师欠缺沟通能力和人际交往经验

要和家长有良好的沟通，首先必须具备相应的语言表达能力和人际交往能力，然而现在很多教师与人交往的经验不够、知识不足。尤其是刚上任的教师还不具备相应的人际交往经验，无法很好地和家长进行交流和沟通。其次是组织和管理能力不足。一些经验丰富的老教师会很好地利用班级家委会的作用，通过家委会进行管理，这些环节的落实能省去很多沟通障碍。而我们的师范教育和入职后的教育，比较忽略青年教师与人沟通、与家长合作的实践能力的培养，造成教师家校沟通能力的提升显著不够，导致家校沟通不畅。

四、家长层面的原因

（一）家长缺乏主动与教师沟通的意愿

首先是家长意识方面的问题，一般的家长认为教育是学校的责任，把孩子送进学校就可以不管不问，教育的责任全甩给学校，殊不知学校教育只能发挥一部分作用。随着家校共育理念的深入，家长开始有意识地了解自己在教育中的作用，但家校沟通的意识依旧不强烈。在家长的理念中普遍存在"责任分离"这一思想，持有这一观点的家长认为，孩子进入学校家长便不再负责，如何将家长的责任分离思想转变为相互依赖思想，是学校的主要目标。例如在访谈家长时，家长们常常会说出这样的话语："老师有事会跟我们说的。"（家长 D）"也不能总是找老师吧，没什么要说的。"（家长 B）其次是家长素质层面的问题，调查显示，家长的受教育程度越高越愿意和教师进行联系，反之则不够重视，有放任孩子自由成长的倾向，将教育孩子的责任完全推给学校和教师。沟通是相互的，如果家长缺乏与教师沟通的主动性意识，双方的沟通不顺畅，教师的沟通动力就会相应下降，不易于双方建立良好的沟通关系。就如班主任 I 在访谈时所说："有时候我肯定是照顾不到所有家长的，家长再不与我主动沟通，那我们沟通的次数自然就少了。"

（二）家长缺乏对教师的信任感

家长在家校沟通中对教师缺乏信任主要表现在以下三个方面：首先，当孩子在学校出现问题时，部分家长总是站在自己的立场第一时间质疑和责备教师和学校，总认为孩子是对的，学校总有千万种错误，没有尽善尽美。其次，教师与家长在沟通中难免会有分歧，部分家长总是固执己见，从而导致家校教育观念、方法的不一致，造成事倍功半的结果。最后从沟通的内容来看，家长过多关注孩子的成绩，而较少关注学生身心，在沟通过程中学生成绩的优劣会影响家长的心态和观念，很多家长都缺乏对教师和学生的信任，从而让教师和家长的协同共育难以实现。

（三）家长自身沟通能力有限

虽然如今的家长文化水平已经有了大幅提升，但是许多家长并没有系统学习与教育相关的理论知识，因此有些家长与教师对教育理念、教育方法的认识存在差异。有家长认为学生在校出现问题是学生自身原因，或者是学校的原因。教师 C 说："孩子有时候出现的问题是家长的问题，但是家长不这么认为，还是怪孩子或者是教师没有管好。"其实如教师 G 所说，"班主任的作用有限，孩子出现问题还是要回归原生家庭解决问题"。有些家长对学生的学业期望很高，经常会质疑教师的教学、作业的布置，过度重视学生的学业成绩。还有部分家长认为学校只要保障学生的安全即可，对学生的期望不高，对学生的学校生活也不予关注，认为与教师沟通是没有必要的。另外，有些家长也没有掌握家校沟通技巧的相关知识，不知道如何跟教师表达自己的想法，也不知道什么时候与教师联系比较合适，家长 A 说："有时候不知道怎么跟班主任说比较好。"家长 B 也说："自己的意思很多时候表达得不是很清楚。"这些情况都容易造成一些家长回避沟通、沟通难以通畅。

第五节　家校沟通的改善路径

一、共识家校协同育人目标

家庭教育是一切教育的基础和起点，学校教育是家庭教育的补充与延续，家庭教育和学校教育在育人的过程中有其特殊的作用与角色定位，二者需要形成有机互动的整体，共同作用。家校协同育人，就是学校要与家长共同参与学生的教育活动，通过沟通交流联合对学生进行教育。合作，就意味着学校和家庭必须要在共同目标和共同利益下重组资源信息，最终实现共同任务。[①] 但是从目前的家校沟通情况看来，学校与家庭对协同育人目标的认识是不到位的，同时也是缺乏

① 杨敏，徐祖胜 . 美国中小学家校合作中的家长角色 [J]. 广东教育，2007（11）：24-26.

一致性的，因此要进一步深化协同育人目标，使学校教育与家庭教育的目标达到高度一致，这样才能最大限度地发挥家校共育作用。

育人是核心，协同是育人的重要途径，而家校协同育人的目标只有一个，即立德树人，这也是家校协同育人的根本任务。家校沟通是家校共育的基础，因此，应当以立德树人为核心，在家校沟通中不断地通过教师与家长之间观念和行动上的磨合与调节，实现双方教育目标、教育内容、教育方式和教育效果等多方面的协同，形成教育合力，共同致力于孩子的未来发展。从学校的角度来说，一方面学校要在立德树人的前提下，为家校沟通，特别是网络环境下的家校沟通制定科学、系统、完善的发展目标和计划，将日常管理、设施建设、资金保障、师资力量等纳入标准化管理，努力建设合格的家校沟通教育，从而提高家校沟通的教育有效性。另一方面，教师要指导家长认识到孩子不仅是自己家庭的后代，更应该是一个社会人。从小处说，成功教育的第一要务是促进孩子能够自立，会生活、会工作。从大处说，能够让孩子成为社会有用之才，为国家民族的发展作贡献。认识到家校沟通的目的在于通过教师和家长双方的对话互动促进学生发展，树立平等的沟通意识，平等对待班级中的每一位家长，不因家长的社会地位而区别对待。鼓励家长发表自己的感受和意见，以积极的态度回应家长沟通的内容，让家长真实地感受到教师的德艺双馨，拉近教师与家长之间的距离。从家长的角度来说，家长也应转变自身的教育观念，关注孩子全身心的发展，同时也应认识到自身在家校沟通中的权利与地位，主动与教师沟通，积极参与班级和学校管理，为学校的教育建言献策。虽然家长与教师的教育观念可能存在一些差异，但家长应该积极与教师沟通，向教师学习良好的家庭教育的理论和方法，同时对不妥的地方提出建议，使学校教育和家庭教育得到有效融合。

二、强化家校责任共同体

根据共同责任理论，学校与家庭应共同对学生的成长负责。虽然家庭教育和学校教育有着不同的教育作用及教育方式，但是都共同致力于孩子的成长与发展，孩子的发展离不开家庭和学校的共同支持，家庭和学校也应共同承担起促进儿童发展的重要责任。家长和学校应当在沟通交流的过程中建立起互信共生的伙伴关系，并且采取一致性的行动促进学生全面发展。但是，重叠影响域理论也指出家庭和学校之间既有相互结合的部分，也有相互独立的部分。这就需要划分基本的责任边界，采用各就其位、各尽其责的沟通方式①。

一方面，教师要提高责任意识，认真学习各项教育政策文件，明确自己在教学工作中享有的权利和义务。不要为图一时方便，将属于自己的本职工作任务交由家长代劳，对于家长一方委托的不属于自己工作职责范围内的教养责任也应明确与家长沟通，不越俎代庖。其次，还应有意识地引导部分不了解自身职责的家长认识到自己的责任所在，充分给予家长参与学校教育的机会。另一方面，家长也要明确属于自己的家庭教育教养责任，不将家庭教育的相关任务强制转移给教师。如果存在教师转嫁教育责任的现象，家长可以向相关监管部门反映，及时制止；监管部门相关人员可不定期监督教师与家长在网络社交平台中的沟通信息，及时制止存在教育责任转嫁的行为并组织相关学习，达到有效强化教师和家长教育责任意识、厘清教育责任界限的效果。

三、创新家校沟通管理机制

随着现代信息技术的发展，家校沟通的方式已经不再局限于线下的面对面沟通，基于网络环境的线上沟通逐渐成为家校沟通的主要方式。但是由于网络环境具有开放性、虚拟性、交互性等特点，网络环境中的家校沟通也变得愈加复杂，同时也出现了家长和教师主动参与性不足、缺乏隐私保护、沟通内容零散片面和沟通时间随意等问题。因此，为了使家校沟通能够有序进行，创新家校沟通管理机制是取得良好沟通效果的有力保证。

首先，行政监管部门需要履行管理职责。通过开通意见箱、电话专线以及匿名邮箱的形式，为广大教师和家长提供家校沟通问题的反馈渠道，便于收集与听取教师与家长在沟通中的真实意见。监管部门应该定期对教师和家长的家校沟通进行调查，充分运用网络的功能，借助网络问卷的形式，收集教师和家长对沟通的评价与意见，了解家校沟通中存在的问题，以便更好地落实或调整相关政策。

其次，学校及教师要肩负家校沟通管理的职责。比如在组建家校群之初，教师与家长可以共同制定相应的沟通规则，为日后教师与家长衡量自身沟通行为提供依据。《互联网群组信息服务管理规定》指出，对互联网群组信息服务使用者

---

① 唐汉卫.交叠影响阈理论对我国中小学协同育人的启示[J].山东师范大学学报（人文社会科学版），
2019，64（4）：102-110.

进行真实身份信息认证，用户不提供真实身份信息的，不得为其提供信息发布服务。[①] 因此，教师要对进入班级群的人员进行严格审核，禁止非家校人员进入，以防家校隐私信息的泄露。教师还应该熟悉网络社交平台的特点，了解微信、QQ、钉钉平台的功能和技术知识，以便更好地进行管理。

最后，鼓励家长委员会协助教师参与管理。家长委员会作为全体家长的代表以及教师工作的得力助手，具有参与学校民主管理的权力，在家长群体中起到了"领头羊"的作用。以微信平台的沟通为例，教师由于平时工作繁忙，不可能对家校微信群进行实时监控与管理，当群内出现扰乱沟通秩序的行为时，教师可能没有办法第一时间进行阻止与管理。我们可以赋予家长委员会的成员管理微信、QQ、钉钉群内沟通秩序的权力，让其协助教师共同管理家校群。家长委员会成员成为管理员之后，自然而然会注意到自身的行为举止，进行自我督促，以便对其他人产生积极影响，其他家长会以家委会成员为榜样进行学习。通过这些方式，教师和家长相互配合，及时制止群内的不当行为发生，督促各位家长规范自身的沟通行为。

四、丰富家校沟通内容

当前教师家校沟通的内容多为学生的学习情况以及在校表现。学生需要的是全方位的关心与教育，教师和家长应该开放自身视野，在沟通过程中兼顾学生的兴趣爱好、心理健康、个性品质，扩展家校沟通的内容。

首先，教师和家长应根据学生的不同需求采取不同的沟通方式进行家校沟通，实时关注学生的心理健康，拓展学生心理健康的沟通内容，帮助学生正确认识自我。教师可以将有关心理健康教育的内容通过讲座、家长课堂等方式让家长进行学习，家长在学习之后也可以与教师或其他家长共同探讨心理健康教育方法，以此来提高家长对学生心理方面的关注。其次，教师和家长可以根据学生的兴趣爱好，鼓励学生适当地进行自我展示，培养、发展学生在其他方面的才能。可以借助网络社交平台的功能，通过视频或图片的形式推送、展示学生的表现，比如钉钉平台家校群内的"班级圈"可以用来分享学习经验、展示学生的课外劳动活动等内容，以此引导各位家长共同关注学生的全面发展。

---

① 中国网信办.互联网群组信息服务管理规定 [EB/OL]. http://www.cac.gov.cn.

其次，教师对家庭教育具有指导的责任与义务。大部分家长没有学习过系统的教育知识，对于子女的教育只能凭借自身的生活经验，缺乏科学合理的家庭教育方法。教师作为教育专业人员，掌握了科学系统的教育理论知识，对家庭教育方法有一定的科学认识，因此教师应该向家长普及家庭教育理论，特别是普及儿童教育学、心理学方面的知识，纠正家长在教育中的不当方式，让家长正确认识自己的教育角色定位，明晰作为家长的教育责任与义务。如何有效地与学生进行沟通、及时了解学生的情况、端正学生的品德习惯等问题，都是家长在教育学生时的难题，如果教师能够及时对家长进行与此相关的家庭教育方法的指导，不仅能够拉近亲子关系，提升家长教育子女的能力，还有利于构建和谐的家校关系。

五、优化家校沟通方式

网络信息技术的发展丰富了家校沟通的渠道，使得家校沟通的方式趋向多元化，并且网络沟通已逐渐成为家校沟通的主要方式。虽然网络社交平台已经成为教师与家长最常使用的沟通渠道，但是由于社交平台自身存在一定的限制因素，比如沟通时间碎片化、难以引发教师与家长的共情等局限，因此传统家校沟通方式仍然是无法替代的。在使用网络沟通渠道的同时，也不能忽视了传统的家校沟通方式，应当根据实际情况选择最为恰当的方式进行沟通，将线上的家校沟通与线下的沟通方式相结合，实现多种沟通方式的优势互补。

首先，教师要积极创新家长会和家访的形式，利用钉钉、QQ 等平台开展家长会、家访活动，既能解决一些家长由于没有时间或距离太远等情况无法参加家长会的阻碍，又节省了教师组织家长会和家访的精力。对于无法参加家长会的家长来说，还可以对线上家长会进行回放，弥补无法准时参加的缺憾。在网络社交平台举行家长会，家长可以分享教育经验、提出在教育中遇到的困难与疑惑。还可以运用视频、图片等多种形式丰富家长会的内容，借助家长会让教师与家长充分交流，让家长做回家长会的主角。

其次，教师也要根据实际情况选择恰当的沟通方式，比如当遇到比较棘手或紧急的问题时，选择电话或面对面交流的效果要比在网络平台中用语音或文字表达更好；在遇到需要深度交流的问题时，教师和家长可以采用面谈、家访等传统方式，将双方的真情实感进行表达，动之以情，晓之以理，以达到情感上的共鸣。教师与家长在日常交流中应根据实际情况选择合适的沟通方式，不夸大网络社交平台在家校沟通中的作用，将网络支持与传统的沟通方式相互结合，发挥家校沟通的最大效果。

六、完善家校沟通评价制度

家校沟通评价是指判断是否达到了沟通目的以及达到的程度，并进一步反思分析没有达到目标的原因，从而对当前的沟通工作进行及时的反馈与调节，促进沟通质量的提升。当前学校对教师的考核评价主要依据学生的考试成绩，教师与家长的沟通效果并没有列入考核体系之中，以致教师对家校沟通的重视度不够，甚至出现怠慢的现象。

首先，学校应建立全面的教师考核评价体系，将教师与家长沟通的工作成果纳入教育成果评估之中，推进教师家校沟通奖励机制的落实，调动教师开展家校沟通的积极性。学校应该按照教育部门颁发的相关政策文件来制定教师与家长在沟通中的相关职责，制定应有的家校沟通的基本行为规范，主动开展联系家长的工作，明确禁止一些不当的行为。

其次，结合家长对教师沟通工作的评价，引导教师与家长重视家校沟通。学校还可以制定出专门对教师家校沟通进行考核的评价标准表，从沟通的任务、内容丰富性、途径多样化、反馈、效果等方面进行考核，定期对教师进行评价，并规范考核评价的程序。以评促改，不仅兼顾教师沟通素养的提升发展，还能促进培养学生全面发展目标的达成。

第二篇

教师实务篇

第三章
教师家校口语沟通的礼仪与艺术

礼仪是人们在长期共同生活和相互交往中逐渐形成的行为规范，对于教师来说，礼仪是其思想水平、文化修养、交际能力的外在表现。教师借助良好的口语表达能力传情达意，增强魅力，可以拉近与家长的沟通距离，建立和谐的人际交往关系，提高沟通的有效性，促进教师与家长的合作与交流。本章主要阐述教师家校口语表达的礼仪要求与沟通艺术，找到沟通障碍之处，提出沟通技巧和建议。

第一节　教师家校口语沟通的形式与礼仪

口语沟通主要包含面对面沟通和电话沟通两种方式，其中面对面沟通又包含面谈、家访、家长会三种形式。因此本节将具体阐述教师家校口语沟通的四种情形，以及在不同的情形中教师的口语礼仪要求。

一、教师家校口语沟通的四种形式

（一）面谈

1. 面谈的含义及目的

面谈，是指任何有计划的和受控制的、在两个人（或更多人）之间进行的、参与者中至少有一人是有目的的并且在进行过程中互有听和说的谈话。卡耐基认为面谈是指面对面的正式会晤。面谈的特征是：目的性、计划性、控制性、双向性、即时性。

　　一般而言，面谈主要有以下目的。一是建立良好的关系、信任及信心。通过面对面的交流能够使交谈的双方更加深入地了解彼此的想法，感受彼此的真情实感。二是搜集信息，寻找或创造需求点。交流的过程其实也是信息交换的过程，通过言语沟通可以了解对方的需要，从而为下一步的工作提供支撑。三是激发欲望，达成投资或合作的意向。好的合作一定是建立在一次又一次有效面谈基础之上的，而不会停留在交流软件的文字中，通过实质性的面谈，沟通双方合作的意愿和要求，能够促进深入的交流。

　　2. 教师的面谈礼仪

　　对于教师来说，面谈是教师与家长针对学生的各方面情况进行交流的重要方式之一，因此在面谈的过程中，教师的言行需符合具体的礼仪要求。

　　第一，热情接待来校的家长。教师的态度和修养能够从各个方面被家长感知到，基于此，刚见面时教师的热情主动就显得格外重要，如果家长到校后面对的是一位消极应付的老师，接下来的面谈则无法顺利或者有效进行。如果是家长主动来访，教师需要在家长到来时真诚接待，立即起身询问家长的来意；如果是教师邀请家长到校进行面谈，教师则需要做好相应的准备工作，将家长引入办公室或者其他合适的地点，简要表明自己的用意。

　　第二，谈话时要控制音量并保持适度的距离。教师在讲述学生的相关情况时应当保持冷静的状态，不能因为某些情况而刻意提高音量，给家长带来压迫感和紧张感，尽量在交流时做到心平气和。美国心理学家邓肯提出的人际安全距离是1.2米，在公共场合与人交谈的距离应该保持这个标准，过远会显得疏离，过近会令对方感到威胁。在教师与家长的实际沟通中，具体的距离以交谈时的舒适感为标准。比如，在聊到一些向对方表示关慰的话题时，可以尝试着上前一小步，这会让你的关心显得更真实、更急迫。再比如，可以在表达自己真实想法的时候，用上前一步的方式拉近距离，这会令对方产生被信赖的安全感。

　　第三，营造宽松的氛围，要以平等的身份与家长交谈。教师与家长进行面谈，最终的落脚点是为了学生的进一步发展。因此，教师要注意自己的身份和职责，而不是把面谈等同于谈话，使得面谈失去了平等的意味。与此同时，教师在交流自己的想法时也要注意倾听家长的诉求和意愿，询问对方的意见。真正的交流沟通应该是双向的，而不是教师或者家长一方的"单口相声"。

　　第四，客观公正地对学生进行评价。教师和家长的面谈主要是围绕学生来进行的，其中不可避免地会提到对学生的评价或者看法。在这个时候，教师应当明白家长对孩子的期许和要求，对孩子的评价一定要客观全面，既肯定优点与进步，也要真诚地提出不足之处。对于学生的赞许，教师应当不吝啬地进行夸奖，但对于不足之处，教师应当委婉又详细地进行说明，具体准确并适时地提出建议，同时征得家长的许可，注重双方的共同商讨。

（二）家长会

1. 家长会的内涵及作用

家长会一般是由学校或教师发起的，面向学生、学生家长，集体性、介绍性的会议或活动。家长会具有重要的意义，它可以为家长、学生更好地与老师交流提供一个平等沟通的平台。

对老师来说，家长来参加会议可以说是对老师教育工作的一种支持，有利于鼓舞和增强老师的信心，更加有利于老师从家长方面了解孩子的家庭学习状况、习惯爱好和性格，更好地做到因材施教，也可以提供一些教育技巧等信息给家长。

对家长来说，能够更好地从老师这里清楚地知道孩子的学习、困惑、缺点、表现和不足等，这样才有利于家长了解孩子在学校的情况，才能科学且有针对性地培养孩子，让孩子更好成才。

对孩子来说，家长来参加自己的家长会是对自己的重视，能让孩子知道自己在父母心里的位置，也可以一定程度上激励孩子的学习劲头。

总的来说，家长会有利于促进家校更好地合作，共同培养、辅导孩子，让孩子更好地成长，最大优势地发挥老师和家长相互结合的引导作用，引导孩子向好的方面发展，也有利于加强老师和家长之间的联系。

2. 家长会中教师的礼仪

第一，提前做好相关准备。当学校或教师决定召开家长会后，应提前书面通知家长，并确定家长会的主题、流程。随后围绕家长会主题认真准备要介绍、汇报的内容，拟定家长会发言稿。比如通过这次家长会需要达到什么样的目的，是汇报学生的学习、生活状况，通告家长教育部门、学校新发布的教育政策等内容，还是辅导家长如何做好学生的考前准备工作等。只有明确了主题和目的，才能围绕这个主题组织好家长会。

第二，做好家长的到会接待工作。家长会当天，教师需使自己仪容整洁、衣着得体、仪表端庄，留给家长一个好印象。在会议开始前，可以动员学生或邀请班级其他教师一起来布置家长会的会场，如在黑板上写欢迎词或完成班级教室的设计、装扮，家长的位置安排及接待家长到来的相关事宜等。同时，在家长会开始前十分钟左右，教师应提前到班级等候。一是可以处理、协调一些突发状况，二是会让家长觉得教师很重视这次家长会，是个有做详细准备和计划的人，从而拉近教师和家长之间的距离。

第三，尊重家长，真诚相待，以鼓励表扬学生为主。家长会是家长全面了解班级及班级学生情况的一次最佳机会，教师应秉承教育性的原则，尊重家长并平等、友好、真诚地对待每一位家长。在介绍班级学生情况时应多表扬少批评，先肯定后否定。力求全面、客观、公正，让家长对自己的孩子有客观全面的了解。同时家长会不能简单地开成向学生家长汇报孩子情况和成绩的例会，而应针对家长在教育孩子方面存在的困惑和面临的问题进行交流和指导，并把学校及个人的教育理念和方法介绍给家长。让家长对学校与教师的教育理念有进一步的了解，更好地认识老师、理解老师，从而支持老师的工作。多给家长发言的机会，礼貌拒绝无理要求。

第四，重视会后反馈。开家长会时，教师应注意做好家长会的会议记录，一是有利于教师做好本次家长会的总结，进行之后的反思。二是可以把家长会上碰到的重点问题记录下来，以便之后的跟进解决或借鉴。同时，可询问家长关于家长会的感受或者意见和建议。教师还应当适时地在会后回访或跟进，这有助于教师和家长真正地互相了解，以获得家长更大程度的配合。

（三）家访

1. 家访的含义与作用

家访是老师经常性的重要工作，是推动学校教育与家庭教育相结合的重要途径。家庭对学生的成长起着举足轻重的作用，是密切教师与学生、教师与家长联系的有效途径。家访主要有以下作用：其一，帮助教师全面了解学生的情况；其二，协调孩子和家长之间的矛盾冲突；其三，协调师生关系，促进学生的健康成长；其四，与家长进行实时的沟通，交流教育方法和技巧等。

2. 家访的礼仪

第一，提前与家长预约。教师在进行家访时，应当提前与家长进行沟通和协商，而不是以"不速之客"的身份突然出现在家长和学生的面前。预约时应当注意以下几点：①在提前预约的过程中确定家访的具体时间和地点，并明确家访的目的；②如若学生家长拒绝拜访，要委婉地询问之后的拜访时间，不可勉强或强迫；③预约的方式大致为电话预约、当面预约或书信预约。无论何种形式的预约，都要用商量的口吻，而不能用命令的口气要求学生家长。

第二，做好家访前的充分准备。一是服饰仪表要得体，穿着一定要整齐大方、干净整洁，注意要和自己的职业、年龄相称，还应注意仪表的修饰。二是内容材料要详细，家访是有一定目的的交际活动，因此教师在家访前一定要根据家访的内容把材料准备充分，最好请任课老师一同进行家访，而且要围绕事先确定的目的进行。三是交通路线要具体，要对家访的地点有所了解，确保准时到达约定地点。应守时守约，若因事不能准时赴约，要设法告知家长，以免家长久候。

第三，注意家访过程中的细节与仪态。

首先，讲究敲门的艺术。进门家访前，应当先轻声敲门或按门铃，不能不停地转动门把手或使劲敲门。如听到家长的询问应说明自身的身份，等家长开门或说"请进"后再进去，不能贸然闯入。

其次，家长不让座不能随便坐下。家长让座之后要表示感谢，然后采用规范的礼仪坐姿坐下。面对家长递来的茶水，要双手接过并表示谢意。

再次，用语合理，避免责难。教师在与家长交谈时，要实事求是地反映学生在学校的表现情况，充分听取家长的意见，了解学生在家的表现，和家长一起分析、研究教育学生的方法。教师用语应当温和有礼，对学生多表扬少批评。交谈时学生最好在场，如果需要单独与父母交流，可以预先告诉父母，不能强行让学生回到自己房中去回避，引发学生的不满和自卑。

然后，坚持为人师表的准则。家访时，以真诚为贵，不可借家访解决私事或收受"礼物"。在家长未邀请参观前，不要在学生家里东转西瞧，也不要随意翻阅家长家里的东西。

最后，注意家访时间。家访时间不宜过长，达到预期目的即应告辞。同时，切忌打呵欠、伸懒腰。起身告辞时，要向家长表示"打扰"之歉意。出门后，回身主动伸手与主人握别，说"留步"，待主人留步后，走几步再回首挥手致意"再见"。

（四）电话沟通

电话沟通是教学服务中必不可少的环节，它能帮助老师和家长、学生迅速建立情感，让家长更加清晰地感受到教师服务质量的同时了解学生课堂情况。教师在与家长进行电话沟通时需要做到以下五点：

第一，坚持"铃声不过三"的原则。拨电话时要沉住气，耐心等待对方接电话；接电话时电话铃一响，如果发现是家长的电话，应尽量做好快速接电话的准备，切不可故意让铃声多响几遍。

第二，用语文明规范，声音温和镇定。跟家长电话沟通时，要礼貌问候，声音清晰，吐字清楚。并且打电话时应先询问家长现在是否方便接听，再接着说明电话联系的来意和具体内容。

第三，学会做好谈话记录。牢记"5W1H"技巧，即① When 何时，② Who 何人，③ Where 何地，④ What 何事，⑤ Why 为什么，⑥ How 如何，对这些内容进行重点记录。

第四，礼貌结束对话。要结束电话交谈时，一般应当由拨电话的一方提出，然后彼此客气地道别。说一声"再见"再挂电话，不可只管自己讲完就挂断电话。教师应注意在家长挂电话后再结束通话，以表示尊重。

第五，灵活应对错误电话或者特殊电话。教师每天在办公室可能会接到很多电话，也存在着家长呼叫错误的情况，这时候教师应当保持基本的礼貌，简要说明对方打错的事实，然后等待片刻再挂断。此外，教师也会遇到难以及时回答对方的情况，这时候也需要教师沉着应对：①教师可以偶尔使用下列权宜之词，以帮助自己赢得时间，如"我认为这件事很重要，让我仔细考虑一下再答复你。""对于这件事我有许多想法，我能过一会儿再打电话跟您讨论吗？"等，然后针对对方的问题认真思考，询问同事或者领导，找到合适的回词后，及时答复；②当接到一些令人困惑的电话时，教师需要询问清楚对方的用意，在完全清楚的情况下再做出相应的回复，而不是马上搪塞敷衍、随口回复，以免产生误解。

二、教师家校口语沟通的基本礼仪

教师与家长进行口语沟通时，主要会涉及以上四种情形，针对每一种具体情况，教师与家长在口语交流时要遵循以下基本礼仪要求。

（一）尊重原则

在人际交往活动中必须尊重对方的人格，因为尊重是礼仪的情感基础。只有人与人之间彼此互相尊重，才能营造和保持和谐愉快的人际关系。在教师与家长交流的过程中尊重尤为重要，教师需要摆正自身的位置，每一次与家长的交流都是双方的沟通而不只是自己单独的命令，应尊重家长的身份和人格，平等对话。

（二）适度原则

英国哲学家培根说过：交谈时的含蓄和得体，往往要比口若悬河更可贵。教师在与家长的交往中要注意掌握好各种情况下的度，礼不足失礼，礼过度也失礼。应把握好一定的感情尺度，既要彬彬有礼，又不能低三下四；既要热情大方，又不能轻浮诙谐。

（三）客观原则

有些时候，教师不仅是学校与家庭沟通的桥梁，也是家长与孩子沟通的桥梁，这是教师职业的独特之处。因此，教师在涉及学生的学业情况、身心发展等问题时应当秉持客观公正的态度，不能把平常对学生的私人情感掺杂到最终的评价工作中。

（四）自律原则

教师的口语礼仪是通过不断的培养和训练，从而在内心深处树立起的道德信念和行为修养准则，即获得一种内在的力量。在这种内在的力量下，教师能够约束自身行为，正确表达自我，自觉地按礼仪规范去做，而不需别人的提示或监督。

（五）公正原则

教师不仅需要公平地对待每一位学生，也需要公平地对待每一位家长。家长都希望从教师口中得到真诚的赞许和诚恳的建议，这也要求教师一视同仁，而非把学生及家长分为三六九等。因此，教师需要尽量做到及时地与学生家长沟通和联系，公平地对待家长和学生，并且在与家长的日常沟通中，也切忌出现用暗示性的话语提醒家长送礼等情况。

（六）反思原则

曾子曾言"吾日三省吾身"，与家长进行对话对于教师来说也是在给自身提供反思的机会。无论是处于家访还是处于家长会等情境，教师都需要学会多倾听家长的意见和想法，找到自身的优点和局限之处，针对家长指出的不足进行自我调整，结合日常工作深度反思，做到"有则改之，无则加勉"。在落实一些教育措施和举办活动时，也可以征集家长的意愿和建议，集思广益，形成教育合力，帮助教师打破职业身份的局限，能够从不同的家长身上学到更多优秀之处，以便进一步地反省与进步。

> **人际交往的沟通口诀**[①]：
>
> 　　一忌居高临下；二忌自我炫耀；
>
> 　　三忌口若悬河；四忌心不在焉；
>
> 　　五忌随意插嘴；六忌短话长谈；
>
> 　　七忌搔首弄姿；八忌挖苦嘲弄；
>
> 　　九忌言不由衷；十忌故弄玄虚。

第二节　教师家校口语沟通的技巧

沟通是一门艺术，同时也是一种技术。在与家长的口语沟通中，教师除了需要注意自身的礼仪，也要善于运用适当的沟通技巧，使得双方的沟通更加流畅。本节将从沟通的四个维度即观察、倾听、回答与提问出发，探索教师的口语沟通技巧，以及教师在面对不同类型的家长时应采用何种方式进行有效沟通。

一、教师与家长沟通前的准备技巧

（一）深入了解学生的基本情况

了解学生的基本情况，是教师开展有效沟通的前提和基础，也是制订家校沟通计划的关键依据。了解学生的基本情况包括知道学生的家庭背景、学习习惯、

---

① 龙小华.教师礼仪修养 [M].武汉：华中师范大学出版社，2013.

知识水平、生活经验等。通过对学生基本情况的了解，可以为教师进行有效沟通做好准备。

1. 了解学生自身的情况

首先，可通过教师与学生的相处、学习上的互动、学生与同伴交往的情况等来观察与分析其性格特征；其次，通过观察学生在班级中的纪律表现、上课的表现和参与各种活动的积极程度来了解其基本情况，必要时可将关键信息用笔录或摄像的方式记录下来，以便保存。

2. 了解学生所处的家庭环境

家庭教育对学生的成长和发展有着潜移默化的影响，因此，了解学生的家庭教育环境对学生的发展发挥着极大的帮助作用。教师应对学生的家庭进行多方面了解，如学生家庭成员间的关系是否融洽。教师可以与家长进行面对面聊天，从多个方面熟悉其家庭环境。通过个别交流，教师可以了解到哪位家长与孩子接触的时间最多，哪位家长主要负责孩子的教育且较有效，哪位家长对孩子的影响比较大，以及学生是否为独生子女等。这些信息对更好地解决学生在成长中所遇到的问题会产生积极作用。因此，通过与家长沟通了解学生的家庭背景，可以发现学生存在的问题，采取合理的解决办法，从而促进学生的成长和进步。

（二）全面了解家长的教育情况

家长作为孩子的第一位教师，对孩子成长的影响十分重要。教师应与家长建立和谐的关系，积极沟通，为全面了解学生的情况做好准备。

1. 了解家长的教育关注点

家长期望沟通的内容包括学生的人际交往和学习表现等。家长对于自己比较关注的问题，会直接通过言语与老师进行沟通；有些情况下，教师则需要观察沟通中家长的非言语暗示，如在家长会时家长的眼神呈现出很期待的表情，说明家长极其关注该方面的信息，并渴望获得有效的教育对策；若在个别交谈中，家长突然间变得面红耳赤，说明家长羞于交流该方面的问题，此时应灵活转换沟通的角度，以轻松的方式交谈。教师只有了解或能觉察出家长的教育关注点，才能有针对性地根据各位家长的教育困惑进行进一步沟通。

2. 了解家长的性格特点

俗话说，孩子是家长的一面镜子。有的家长性格成熟、张弛有度，能成为孩子正面的学习榜样；有的家长性格不成熟、易情绪化，可能会给孩子带来一定的负面影响。教师了解不同家长的性格特点，有助于提高沟通的效率、促进学生成长，同时也是优化沟通策略的前提。如多疑型的家长易受消极情绪的影响，遇到问题时总是充满怀疑与不安；有些冷漠型的家长对周围的事物漠不关心、少言寡语，表现为对学校的事不以为然，认为孩子在学校有人看管就行了；敷衍型的家长对教师所反映的问题表面上点头答应，既不否定，也不反驳，但实际上并没有付诸行动。了解家长的性格特点，有利于教师优化和调整沟通策略。

3. 了解家长的职业背景

随着社会的发展，职业分工也越来越多元，家长的职业也有所不同。不同的工作背景不仅对家长个性特征及价值观念的形成产生一定的影响，还会影响家长的教育观念和教育方法。因此，教师在与家长的沟通中要关注家长的职业背景，这有助于提升教师与家长沟通的效果，对学生的成长和发展产生重要的影响。如有些家长从事经商活动，往往没有固定的上下班时间，并且工作时间较长，无法保证与孩子交流的时间，因此需要老师对孩子的生活多加关注；全职家长因其有较多的时间关注和帮助孩子，因此教师可以多关注孩子的学习习惯等方面。

4. 了解家长的教养方式

家长的教养方式对孩子的成长和发展会有重要的影响。教师可以通过与家长的交流和沟通了解不同家长的教育方式，针对孩子出现的问题采取针对性的措施促进孩子成长。如溺爱型的家长，表现为对孩子的宠溺；民主型家长，表现为尊重孩子的自由；专注型家长，表现为过度关注孩子的一切。因此教师应针对不同家长的教育方式，采取针对性的措施促进孩子的发展。

二、教师的口语沟通技巧

（一）观察技巧

有效沟通的前提是精确观察，教师在与家长沟通时也需要时刻进行观察。当我们专心于一件事，大脑就会抑制或者过滤掉其他事情，导致非注意盲视，进而忽略掉沟通对象的态度以及情绪状态。因此，沟通中的洞察能力对于教师来说至关重要。

1. 在对话开始前的观察

教师应当观察家长的整体状态，再进行下一步的沟通。如果感觉家长非常匆忙，可以在开始交流前询问家长是否有其他事情，表明接下来的对话将会言简意赅，尽量不耽误多余的时间；如果发现家长对此次沟通产生一定的厌烦，教师则需要简要说明此次交流的原因及目的，稳定家长的情绪。

2. 在对话交流中的观察

首先，不要带有主观臆断。有的时候我们总是主观地去看待所见到的一切事物，只关注到自己想看见的东西而忽视了其他的细节。因此，教师在与家长交流时不应带着对家长及其学生的主观判断来观察家长的言行，错误理解家长的用意。其次，细心留意。在谈及学生的情况时，教师需观察家长的神情及体态变化，感知家长的情绪：如果对学生的表现表示满意，老师也应适当地增加赞许，鼓励其继续努力，不要骄傲；如果对学生的情况表示苦恼或气愤，教师应当进行及时的安慰和劝解，表明孩子的发展困境和潜力，一起寻找更好的解决方法。如果家长对学生的情况漠不关心，教师也应当给予真诚的劝说，希望家长能够多与孩子沟通和交流，将孩子的事情放在心上，不要错过孩子成长的每一步。

3. 在结束对话时的观察

洞察家长是否已经对此次交流产生了一定的不耐烦情绪，如果是则需要简短结束，表示感谢。并且观察家长给予的反馈，以便教师对今天的整体交谈进行及时的反思，之后做出相应的调整与改进。

（二）倾听技巧

倾听属于有效沟通的必要部分。很多时候我们会把听与倾听当成一回事，其实两者大有不同。如果说听是一个自动化的生理过程，那么倾听则是一种需要人们去主动加工和赋予意义的过程。英国学者伊恩·麦凯在《倾听技能》中指出，提高倾听能力的最好方式是注意"参与行为"，即身体参与、心理参与和言语参与。身体参与意味着采取一种投入的态度，通过身体态度或姿势，向讲话者表明你在听他们讲话。心理参与不仅是指倾听讲话者说了些什么，而且要参与到非言语行为中，如倾听者通过面部表情、体态语言、手势和其他的身体表征传达"我在听"的信息内容。言语参与即在你不能理解别人的思想，或者你有不清楚的地方时，你应该向他提问。上述三种参与是针对人际交往中的倾听技能而言的，这为教师提高其倾听技能提供了学习的维度。

1. 倾听时要表现出真诚

这种真诚更多的是通过眼神体现的，所以眼神交流很关键。教师需要眼耳并用，时不时地看对方的眼睛，这能表明你很认真地在倾听，而不是表现出漠不关己的态度。

2. 适当的回应是关键

回应的方式有确认和复述等。在家长情绪比较激动的时候，教师可以适当地给予安抚或者回应，表示自己在认真倾听家长所要表达的意思，并且能复述或者对不明确的地方加以确认。

3. 倾听时不要有过多的肢体语言

过多的肢体语言会让家长觉得教师对他所说的事情并不在意或者不耐烦，引起不必要的误解。并且有的时候，过多的动作也容易使家长分心，打断其思绪。

4. 在听与说之间自然变化

教师在说的时候可以自然流露和表达自己的情绪与感受，在听的时候能用点头和面部表情表示赞同。

5. 在倾听的过程中保持专心、尊重与体谅的态度

切忌一些不良倾听行为，如三心二意、东张西望、翻看书报、随意打断对方、乱插话以及妄加评论等，在倾听的过程中做到"不评判""不批评""不依附"。

6. 做一个耐心的倾听者

教师谦虚、诚恳、耐心地倾听家长的意见，会让家长感到自己很受重视。即使是一个牢骚满腹、怨气冲天，甚至最不容易对付的家长，在一个具有耐心、同情心、善于倾听的教师面前，也会受到教师的感染与影响，学会通情达理。

7. 鼓励对方先开口

善于倾听是一种必备修养，需要经过长期的锻炼才能形成。教师应当给予家长充分的空间诉说自己的想法与感受，在商讨解决办法或提出意见、建议时，鼓励家长先开口，对于彼此想法一致之处给予充分的认可，使家长感受到被尊重和赞许。再针对意见相左的地方真诚地提出自己的建议，使对方更加愿意接纳。

8. 倾听时要带着思考

有时候教师面对家长的滔滔不绝可能会方寸大乱，无法实现与家长的共情。这就需要教师仔细倾听家长的话语，从中抓住关键信息，理清其中的逻辑，明白家长的具体想法。对于家长提出的建议和看法，教师也需要积极地思考是否可以采纳，从而方便进一步的回答。同时，家长也是教师学习的榜样，教师在倾听的过程中也应当学习一些家长的优秀表达方式和沟通技巧。

（三）回答技巧

良好的沟通是在双方坦诚的基础上进行的。在沟通中，倾听之后就要学会如何去回应他人，否则沟通将失去意义，回答则是有效沟通的重要环节。回应家长所提出的与学生教育相关的问题，不仅是为了帮助家长解决学生在教育和心理上的问题，更是展现教师专业能力与专业品行的机会，是帮助教师赢得家长信赖和获取良好口碑的有效路径。

1. 秉持客观公正的原则

无论家长提出的是什么问题，教师在回答时都应当客观公正，用事实回答家长的提问，不能因为害怕家长的指责或挫伤家长及孩子的自信心就编造谎言进行安抚。回答的方式可以灵活变化，但回答的内容应当真实可信。

2. 耐心解答家长的疑问

有时候，家长因为不了解学生在学校的具体情况，出于对孩子的关心与爱护，会向教师连续提出很多问题，有些问题可能相对而言比较简单，教师会觉得这样的问题没有价值，于是表现出不耐烦的情绪。针对一些家长的连环发问，教师应当筛选关键问题进行重点回答，其他问题简略回答或者采用一定的语言艺术，如："这一点我和×××同学也有深入的交流，你也可以和孩子沟通一下，或许会更清楚。"在整个回答的过程中，教师需要有足够的耐心和同理心，能够明白大部分家长的提问并不是故意刁难，而是关心学生的表现。

3. 真诚回复家长的感谢

教师在日常工作中经常会收到来自家长和学生的感谢，这时候教师不可以沾沾自喜、急于邀功，而应把感谢转化为责任，继续鞭策自己。在回复家长的感谢时需要做到谦虚和真诚，表明作为老师和家长的目的是一致的，都是为了教育好孩子，教育孩子也是老师的职责，同时感谢家长对自身工作的配合，肯定孩子本身的努力和发展的潜力，希望未来能够一起为学生的成长共同努力。

4. 回答与提问相结合

当家长向老师寻求关于激发孩子学习动力等相关问题时，教师在耐心和细致解答后，需要根据具体情况进行适时的追问，询问家长建议的可行性和局限，形成共同商讨的良性循环。

5. 巧妙回答家长提出的难题

部分家长出于对孩子的充分关心，可能在提问的态度和语气上并不友好，并且提出的部分问题对于老师而言也不好直接回答，这也间接考验着教师的教育机智和情商水平。教师需要理智且委婉地应对部分家长的苛责或者盘问，以理服人。如××学校一位四年级学生的家长提问："听说孩子不听话在学校会受到体罚是真的吗？"该班班主任的回复是："您好，您反映的这个情况我们会认真核实，在此之前我们没有老师体罚学生的情况出现，之后我们也保证不会出现。首先，每一位老师都是经过岗前培训的，绝对不允许体罚或变相体罚孩子，不过有的时候，作为老师可能对孩子的管教是比较严肃的，语气可能也没有平时温和，也请家长理解。其次，关于教师体罚的事情，我们目前也没有收到其他学生和家长的反映，所以需要一定的时间去核实清楚，如果确实存在，学校会做出相应的措施并且公布出来；如果没有，也希望您能消除对我们的误解，我们的初心都是为了学生的健康成长，这一点请您放心。"

（四）提问技巧

提问是为了获取信息，提出的问题可以帮助对方反思自己在这个问题上的思维逻辑，引导谈话走向解决方案。提出好的问题是引领家长向前一步的理想方法，并且提问也有益于倾听。作为有效沟通的重要步骤，在提问时教师可以利用下列技巧。

1. 做好提问前的准备

在与家长确定好沟通时间和地点之后，针对学生的情况以及自己对家长平时的了解，可以提前准备一些问题，根据交流的具体情况灵活变通，以便保持沟通过程的顺畅。

2. 先理解，再提问

好的提问一定是在理解对方的意思后再提出来的，大部分的分歧与争执缘起于此——未理解对方的意思。所以教师在尚未弄清楚事情或对方表达的意思之前，可以先停下来，询问对方的真正想法。比如，"等等，你刚才说的这件事，是×××的意思，是这样吗？"

3. 提问时要保持中立

教师在提问时不要带有自己的主观判断，不要用盘问的语气，应充分尊重和理解对方的价值观。教师采用提问的方式是为了获取家长的真实想法和有效建议，而不是利用自身的教师身份进行强制性追问和逼问。

4. 问题应当清晰明确

教师提出的问题应当简单明了，能让家长清楚理解。如"孩子最近在家学得怎么样"这一个问题就不够具体明确，反之"孩子最近在家作业的完成速度和完成质量如何"则显得更加清楚明确。

5. 与对方视角一致，而非只关注对方行为

老师在提出建议被家长拒绝后，应该保持与家长一致的视角，关心家长是有什么难处，还是有什么其他的期望与看法。此时如果只是简单询问"为什么不愿意"，则显示老师只关注家长的行为，因此教师可以优化提问，如"不愿意这样做的原因是什么呢？"用这样的方式让自己观察事物的视角与对方保持一致。

6. 询问解决方案，而非原因

事情发生后，很多人第一反应就是询问原因，潜在的意识是推卸责任。特别是聚焦在孩子的个人成长这一部分，如果孩子的成绩出现了严重的下滑或者孩子在校表现出不良行为时，教师在与家长交谈时可以一起客观地分析其中的原因，但是不可以用"甩锅"的方式提问或是质问家长是否尽到相应的职责。好的提问应该是一起商讨怎么做才更好，共同寻找解决方案。

7. 别争执，先找共同点

在沟通中时不时会出现僵局，双方你来我往，唇枪舌剑，各自都不放弃自己的观点，这个时候老师需要的是暂停下来，后退一步，然后再前进。可以适时地停下来提问，如"等一下，我们似乎在×××上达成共识，您也认为应当×××，是吧？"找出共同点进行突破，从而帮助教师展开后面的讨论与沟通。

8. 提问要把握恰当的时机

教师在与家长沟通时并不是自顾自地长篇大论，而需要适时抛出问题，引起双方共同的思考。如在家长走神恍惚时，一个小小的提问能帮助家长将重心回归到谈论的主题。在谈论到关于学生的学习规划时也需要询问家长的看法，而不是先盲目输出自己的全部方法，最终取得家长的认同。

9. 提问后要留有足够的时间

教师向家长提问是为了征集意见，而不是走形式。因此，教师在提问之后要留有合适的时间给家长思考，而不是催促家长赶紧表达自己的观点。同时，这个时间也是留给教师来进行反思与思考的，如在前面的谈话中是否有不妥之处、接下来的交流需要注意什么地方、这次交流中的提问效果如何等。

三、与不同类型家长沟通的技巧

面对不同类型的家长，教师应该灵活转换，采用不同的沟通方式，这样才能达到事半功倍的效果。

（一）与溺爱型家长沟通

案例 3-1：多多的故事①

多多刚上小班，在与同伴交往中比较自我，与同伴发生纠纷时会出现攻击性行为。但从年龄身形上来看，多多算是班上比较小的，偶尔也会出现被欺负的情况。在连续两次受伤后，多多妈妈终于忍不住向老师抱怨："哎呀，你们还是注意下他嘛，前天才被小朋友打到头，今天头上又碰掉一块皮，我们家就这一棵独苗！"老师也很歉疚："这个问题我们以后会更加注意，当时我们对情况进行了及时的处理，也批评了打人的小朋友。只是多多平时就爱抢小朋友玩具，这点也希望您配合我们，在家的时候也多跟他讲讲分享的故事。"

多多妈妈听了后，随即转头对儿子说："你为什么要抢小朋友玩具？"多多立马撒娇地蹭到妈妈怀里，妈妈见状急忙把儿子抱住，这个问题也就不了了之了。接下来老师送孩子离园时，多多妈妈并没有离开，甚至当着其他家长的面抱怨："其他地方我们都没说什么，这可是头啊，万一被打傻了怎么办？我是做过手术的，不能再生了，如果多多有什么万一，我们怎么办啊？"对这种情况，老师感到很无奈，于是采取冷处理的办法，继续送小朋友离园。

溺爱型的家长总是过度地给予孩子关爱和呵护，尽管有些时候这些关心对于孩子的成长来说益处不大。这一类家长盲目地相信孩子身上发生的所有问题都来自外界因素，孩子永远是最重要、最正确的，因此，这类家长在教育时带有一定的偏见，教师在进行沟通时应做到以下三点。

1. 欲抑先扬，客观评价

溺爱型家长对于自己的孩子，存在着只看优点不看缺点的特点。因此，与之沟通时教师需要先肯定学生的长处，对学生积极的一面给予肯定，找到孩子身上

①段滨.幼儿教师与家长沟通的 33 个技巧[M].北京：中国轻工业出版社，2017.

的闪光点，与家长打开沟通的话匣子，帮助家长减少心理上的排斥，从而利于后面的沟通。

2. 诚恳建议，表明态度

教师在充分尊重学生家长的感情，肯定家长热爱子女的正确性的同时，要用恳切的语言向家长反映情况，指出学生存在的问题。在交谈的过程中教师还要恳切地指出溺爱对孩子的危害，引导家长认识到一旦不解决孩子身上存在的问题对孩子未来的成长会造成多么严重的后果。要让家长认识到护短的危害，耐心、热情地帮助和说服家长采取正确的方式教育子女，让家长如实地反映学生的情况，千万不能因溺爱而隐瞒孩子的过失。最后，教师要在肯定中提出要求，在要求中透着婉转，让家长全面地了解孩子，从而主动地与老师共同商讨教育孩子的方法，主动配合学校的教育工作。

3. 关心学生，彼此信任

教师应当秉承"为了孩子的一切，为了一切的孩子"的信念，坚持教育的立足点和落脚点都是为了学生的发展。当在教育教学过程中出现问题时，首先要从自己身上找原因，本着对学生负责的态度向家长反映孩子真实的情况，共同找到更适合孩子的解决方案。其次，及时点醒，以情动人。教师应当学会抓住事情的本质，及时和家长进行沟通，理智地与家长进行分析，让家长认清事实，点明所有的一切都是为了孩子着想。在沟通中教师和家长应立足于孩子的健康成长，面对问题、解决问题的谈话才是有效的。

（二）与放任型家长的沟通

案例 3-2：肖老师的建议 [①]

肖老师班上的小张的爸爸妈妈常年在外忙着挣钱，把孩子送到住宿班后，就再也不过问了。孩子吃什么、穿什么都不知道，孩子有没有学习、有没有写作业也不知道，至于孩子心里想的是什么就更是无从得知了。接班一年多，肖老师几乎就没见过这个孩子的家长，问孩子也什么都问不出来。小张这个孩子也很特别，在班里从来就不说话，做什么事也都默不作声，跟班里学生也不交流，老师很难了解他心里想什么。考虑到这样下去对孩子的危害，肖老师主动找到小张的家长，与家长交流孩子的现状，跟家长商讨对策。基于他不爱说话

[①] 李小波. 与家长有效沟通的 40 条核心建议 [M]. 北京：世界知识出版社，2017.

的性格，肖老师建议小张的家长多和孩子交流，争取成为孩子的好朋友，打开孩子的心扉。另外，从侧面调查中肖老师了解到，小张的爸爸虽然脾气大，遇事没有耐性，但极其溺爱孩子，肖老师就从这点打开突破口，让小张的父母尽量统一想法，明白爱要有度，从现在开始要多和孩子说话，让孩子做自己能做的事，父母不要包办代替，培养孩子最起码的生存能力，还孩子一个充满阳光的童年。

经过肖老师不断地做工作，小张的父母认识到了家庭对孩子教育的重要性，开始关注孩子的成长和学习，夫妻二人分工，注重与小张的交流。一个学期下来，小张的学习成绩明显提升，人也变得开朗不少。

这个案例中，小张的父母属于明显的自由放任型家长。对于这类家长，教师不仅需要了解家长放任不管的真实原因，还需要采取正确的沟通方式，才能让家校沟通发挥作用。

一般来说，家长对孩子采取自由放任的态度：一方面是由于其工作忙，对孩子不够重视，潜意识中认为孩子的事情不重要；另一方面是家长认为孩子一旦交给学校和老师，孩子的问题就是老师的问题，对自己承担的家庭教育的责任认识不清，没能意识到教育是家庭和学校双方的责任。正是这些错误的观念和想法，导致家长对孩子采取自由放任的态度。因此在与其沟通时，要注意以下两点。

1. 用事实说话，引导家长辩证地看待规则与自由的关系

与自由放任型家长沟通之前，教师一定要先摸清家长的教子观念和实际情况，这有助于在与家长沟通时对症下药，采取针对性的措施。上述案例中的家长对孩子自由放任，忽视了孩子本身的性格特点，这种行为问题更凸显在与同伴相处和集体生活中，而家长往往"视而不见"。所以，利用一切机会让家长看到孩子在集体中的表现，通过对比看到差距，往往比教师直接反映问题更有效。

2. 处理问题时采用商量的口吻，拉近与家长的心理距离

自由放任型家庭培养出来的孩子，可能会经常犯错并且屡教不改。尽管如此，教师在与家长交流时，也要心平气和。就算意见产生分歧，也不要发火、指责家长的教育方式，而要冷静理智地讲清道理、说明利害关系。

当孩子犯错后，教师要尽量向家长陈述事实，让家长比较全面地了解孩子的行为表现后，再和家长探讨孩子的成长问题。在与家长协商处理问题时，采用商

量的口吻，征询家长的意见，让家长得到基本的尊重，从感情上拉近距离，是沟通的根本前提。然后，教师须厘清思路，以平等、磋商的方式和家长一起探讨解决问题的方法，家长和教师之间的沟通自然也就顺畅、和谐起来。

（三）与后进生的家长沟通

案例 3-3： 一位优秀教师的成功事例 ①

王某是我们班一名特别让老师操心的学生，学习基础及学习态度都极差，平时又爱惹是生非，总爱"表现"自己，经常做一些与课堂纪律、校纪校规格格不入的事。家长表面还能与学校配合做一些教育工作，但收效甚微。这样的学生给班级学生与任课教师都带来极大的麻烦。就拿数学计算来说，因其基础差，领悟能力又差，大多计算是错误的，这让我非常着急。看来，教育这个学生必须要充分调动其家长的力量，光靠校内仅有的时间是远远不够的。可说起该生的家长，她是单亲家庭，妈妈很忙，并有点不讲道理。在她家长的眼里，她只要能在学校就可以了。我们仅从教师的角度摆出非常威严的架势，家长也不接受，甚至还与学生一样产生抵触情绪。因此，与其家长的沟通要注意技巧。

那天，我把家长找来，先是肯定该生一些好的方面。在上课认真听讲的情况下，表现还不错，能经常积极举手发言。平时也很热情，能帮助老师做一些小事。但也许是基础差了些，计算的内容中经常会出现一些错误，因此给数学的进一步学习造成了很大的障碍。虽然老师平时只要一有空，就会帮助她进行这方面的练习，可如今由于回家后没能及时地复习巩固，成绩一时难以提高。此时，我完全从为学生考虑的角度出发，从为孩子提高成绩的角度着想，家长也比较容易接受。随后，便将其孩子在学习上的表现告知家长，希望能得到家长的大力配合。这次的沟通，我感觉到家长非常愿意配合学校提高孩子的学习成绩。不久，我进行了家访，诚恳地和家长面谈，首先肯定孩子在近一段时间有了一定的进步，但同时指出其学习上存在的一些具体问题，并进行了深入的探讨，同时教给家长一些具体实在的指导方式。每逢考试前夕，我都会站在家长的立场，指导家长怎样帮助孩子复习才能达到最佳的效果。这样一来，家长反而非常感激老师为孩子所做的一切，同时也更积极配合老师教育好孩子。

① 郭娅玲，黎钰林．教师礼仪 [M]．长沙：湖南师范大学出版社，2017.

在这个案例中，教师在面对后进生王某时没有采取消极态度，而是针对她的具体情况，与家长进行灵活沟通。对于这些后进生的家长，教师在与其沟通时，方法相当重要。不但要让其振作精神，重拾教育孩子的信心，而且要引导他们全面客观地评价孩子，促进孩子的全面发展。

1. 以礼相待，不要盛气凌人

从工作关系的角度而言，教师与后进生家长处于平等的地位，均为学生的教育者，目标都是想将学生培养好。因此，应当注意语言的礼貌性与态度的谦和性。以赤诚的心面对学生，急学生进步，忧学生成长。而与家长交流，更应当推心置腹、坦诚相见，给予其可亲可近的感觉，让家长敞开心扉，认识到双方都为孩子而忧心，以此得到学生与家长的信赖尊重。

2. 实话实说，不要添油加醋

在谈话过程中，尽管后进生存在众多缺点，但教师也应当对自身工作的失误与不足之处进行反思，避免在家长面前过度批评学生的过失。更不能在未进行调查前就依据自身想法对实情"添油加醋"，将怨气转移到家长身上，以此惩罚学生。而是应当根据实际情况指出学生的过失，并为家长提供相应的教育意见，以此达到教育目的。

3. 与家长同忧共悯，不要推卸责任

在与后进生家长谈话时，教师应摆正自己的态度，理解家长，学会换位思考，与学生家长同忧愁共担心，站在学生及家长的角度看待问题，以此赢得家长的信赖，引导家长说出真心话。教师应抓住时机把自己的教育和引导计划说给家长听，与家长协商沟通，寻找可行的解决方法。

4. 及时矫正家教方法，不要放任自流

案例中的王某母亲最开始对孩子的态度就是听之任之，并没有很关心。但在教师不断的努力和沟通之下，王某的家长逐渐意识到家庭教育的重要性。现实中也有孩子在学校是后进生，而其家长急于求成或漠然置之。面对此类情况，教师应告知家长孩子的成长规律，防止家长采取简单粗暴、揠苗助长的处理方式。同时敦促家长履行教育孩子的义务和责任，耐心帮助家长寻找合适的教育方法。

5. 注重沟通的持之以恒，提高效果的持续性

后进生不是一朝一夕形成的，他们的转化也非一朝一夕能完成，因此与后进

生家长沟通，必须抱着持之以恒的态度才能使效果持续下去。从每一件小事到每一天、每一个学期，加强与家长的沟通和联系，帮助学生不断进步。

（四）与隔代抚养型的家长沟通

案例 3-4：外婆的隐忧 [1]

思思前两周因为感冒导致肺部感染，断断续续请假数日。上周一返校，家长发来信息说思思身体还没痊愈，下午还需要去看医生，每天只能上半天课，我应允；本周一，思思的外婆在校门口又对我讲，孩子还需要下午请假在家休养，我点头同意。

思思到底得了什么病？我从来不怀疑学生生病的事实。可是，思思最近让我有点疑惑，上午到校活蹦乱跳的，没见什么异样啊。思思的爸爸妈妈都是某公司员工，每天早出晚归，思思的作业常常也是外婆签字，如果下午在家就是单纯的休息玩耍，学习根本没人指导和督促。最近各科老师也反映思思不仅作业订正不及时，课堂上也表现散漫。

经过考虑，我决定打电话给思思妈妈，但电话未通，我就在 QQ 上给她留言，委婉地追问孩子的病情，并告知学校的请假制度和思思最近在校的状态及老师们的担心。约摸半小时后，思思的外婆打电话过来说，一定要到学校见我一面。见面后，思思的外婆先不提思思得了什么病，而是说思思这孩子很难养，从小病就多，自己如何含辛茹苦把她带这么大。我尽量保持着耐心，听思思的外婆"诉苦"，间或对她的艰辛付出表示肯定。在老人诉说的过程中，我大致明白了事情的原委。我就顺着老人的话说我理解她的顾虑，同时问她思思的病情，如果需要休养，我绝对支持。只是需要像其他同学家长那样拿着医院证明到教务处办理相关手续。

外婆这才告诉我，思思得的是过敏性鼻炎，现在基本无大碍，只是一遇到灰尘啥的就会流鼻涕，思思下午在家休息，是因为她想着下午班级要大扫除……还说刚才思思的妈妈给她打电话时，批评她溺爱孩子。说到这里，老人还委屈地抹起了眼泪。我安慰老人的同时，问她是去教务处办手续还是要怎么样，思思的外婆说今天下午就让思思留校。

---

[1] 王怀玉.小学家校沟通的艺术 [M].北京：中国轻工业出版社，2014.

案例中的老师遇到的问题就是隔代抚养问题，如何与承担着教育任务的隔代抚养型家长进行有效沟通，也是教师在家校沟通中经常会遇到的一个问题。

所谓隔代抚养型家长，实际上指的就是祖父母、外祖父母代替父母行使教育的权利，承担教育的责任。随着社会的不断发展，人们的生活压力也在逐渐增大，于是就出现家长外出打工，将子女托付给父辈进行抚养和教育，即隔代抚养型家长的现象。面对这种类型的家长，教师应运用沟通智慧，与家长进行融洽沟通。

1. 给予尊重和理解

作为教师，对于这种隔代抚养型家长，首先要保持尊重，视其为长辈，肯定他们对孩子的爱与期待。大部分的老人其实并没有恶意，在教育方面也没有系统的观念与方法，这时就需要教师的引导。因此，老师在与这样的家长沟通时，要大胆表扬与鼓励，肯定老人在教育中的辛苦和价值，而不是一味地数落和嫌弃。在尊重和鼓励之后，再循循善诱，提出存在的问题及建议。

2. 坚持委婉的态度

由于隔代抚养型家长均为老人，因此老师在与他们沟通时，千万不要直言不讳地在他们面前批评学生，以避免老人在听到批评和训斥后感到伤心或愤怒，进而对老师产生心理隔阂。相反，教师要选择老人接受的方式与之交流，交流中还必须保持耐心，倾听老人的想法，拉近沟通距离，从而达到知无不言，言无不尽的境界。同时，教师要有针对性地对这些家长进行教育理论的讲解，同时结合现实生活中的实例进行参照，给老人们举实际的例子也更加具有说服力。

3. 反复的沟通

部分隔代抚养型家长在教育孩子时可能会采用错误的教育方式，如简单粗暴、以打骂为主，或是一味放纵等。面对这种情况，教师应该反复沟通、多次教育，引导他们为孩子创造一个良好的环境。比如对于打骂型的隔代抚养型家长，不妨建议他们观看相应的教育纪录片或视频，让他们意识到长期打骂和野蛮式的教育方式对孩子造成的心理影响。同时，在与家长的沟通中，教师也需要不断反复强调极端教育的危害。

4. 定期的回访

隔代抚养型家长的年龄可能相对来说偏大，记忆能力和执行能力相对不足，通常老师说过的事情，他们回到家忙完之后就会忘记。所以，老师要定期回访或者召开家长会，与他们保持联系，以巩固与他们交流沟通的内容，督促其实行。

5. 加强与父母的联系

除了与隔代抚养型家长定期联系、回访，老师还要尽可能多与孩子的父母加强联系，告诉他们父母的教育对孩子的重要性，让他们意识到在外打拼、家庭的经济水平和能力固然重要，但孩子的教育也不容忽视。教师可以定期与家长进行沟通，反映孩子的在校情况，让家长宽慰和放心。同时也可以建议家长尽可能留下父母一方在家教育和陪伴孩子，毕竟孩子的成长需要父母的参与。鼓励家长闲暇时多给孩子打电话、视频等，了解孩子的学习和生活情况，多和孩子进行情感上的交流，使孩子感受到父母的关爱，与孩子建立安全型亲子依赖关系。建议父母经常与孩子的隔代抚养型家长联系，针对孩子的情况进行实时的沟通，尊重祖辈的感情需求，共同努力为孩子营建一个健康、和谐的生长环境。

第三节　教师家校口语沟通的障碍与应对

在任何专业领域，良好的沟通都相当重要。教师与家长之间的沟通是一个复杂的过程，其中有众多影响因素交织在一起，从而导致双方常常出现单向沟通、沟通不畅或不沟通等问题。本节主要分析教师与家长在口语沟通中存在的障碍，并据此提出相应的解决措施。

一、角色障碍及其应对

美国社会学家米德等人的社会角色理论认为角色是在特定场合作为文化构成部分提供给行为者的一组规范，是由社会文化所创造出来的，角色表演则是依据文化所规定的剧本来进行的。作为教师和家长，双方都在特定的社会群体与组织中扮演一定的社会角色。因此教师和家长所扮演的社会角色不同，对沟通合作的看法也有差别。

（一）角色障碍的表现

1. 教师与家长的"权威"引发冲突

在家庭里，父母在孩子心中扮演着权威的角色；而在学校，教师不仅成为学生心中的权威甚至成为家长的权威。在传统文化的影响下，家长和教师都秉承着"师道尊严"的观点，从而导致家长放弃本应有的参与权利、教师忽视接受家长监督义务的情形出现。教师习惯了对家长提出各种要求，而家长似乎也已习惯了接受教师的种种要求，形成了教师"权威者"、家长"接受者"的错误的角色转变。本应处于民主平等地位的教师和家长在沟通过程中却成为"要求与接受"的不平等关系，这种关系引起了双方理解和沟通的障碍。

2. 教师与家长对沟通的看法存在差异

作为专业的教育者，教师需要遵守教师的职业道德，严格要求自己按照自身的角色行为规范做事。而不同家长的社会角色却不同，他们有着不同的文化背景和职业身份，对于与教师合作、沟通的态度存在区别。有的家长可能觉得自己的各方面都比教师优秀，对教师没有给予足够的尊重和支持；有的家长受"阶层"观念的影响，认为自己的理解能力、语言表达能力等都很差。不同家长的沟通态度会影响到教师参与沟通的热情，如果教师不了解不同家长的文化背景，对不同家长的沟通无法做到一视同仁、相互理解，那么双方的沟通将无法进行。

3. 教师与家长的沟通理性有所不同

由于家长与孩子的血缘关系，家长对孩子的爱有时过于感性，使家长在看待孩子的事情时不够理性。目前，独生子女较多，部分家庭由几位大人带一个孩子，对孩子无比包容。对于教师而言，面对的则是几十个孩子，所以要平等地关爱每个学生，这种爱也更趋于理性和公平。教师和家长先天的角色差异，使家长有时会责怪教师对自己的孩子照顾不周，教师则觉得家长溺爱孩子，双方易产生不理解和不信任的情绪和隔阂。

（二）角色障碍的改善

1. 全面了解家长及家庭教育的情况

首先，教师需要了解家长的教育关注点，进而有针对性地根据每位学生家长的实际教育困惑展开交流和探讨。其次，了解家长的性格特点，这有助于提高沟通效率、促进学生成长，同时也是制订家校沟通策略的前提。再次，了解家长的职业背景。随着社会的发展，职业的类型也越来越多元化，不同的工作经历对家长个性特征及价值观念的形成也产生一定的影响，进而影响家长的教育观念和教育方法。在与家长的沟通中，关注家长的职业背景对学生产生的积极或消极的影响，有助于提升教师与家长沟通的效果。最后，了解家长的教养方式。教师要透过家长的言行与态度，了解家长在教养中的误区，并通过良好的沟通策略帮助家长走出误区，以促进孩子健康成长。

2. 提高家长的主动沟通意识

由于教师在理论知识、教学经验方面比一般家长更专业，故教师应当在提高家长的主动沟通意识、消除沟通障碍方面发挥更大的作用，并为家长创造平等的沟通机会、开拓适宜的沟通渠道，与家长建立起和谐稳定的伙伴关系。如在学期初的家长会上就强调制度化沟通的理念，帮助家长明确双方经常性的沟通是非常必要的，这既有助于教师做好家长工作，也有利于家长了解学生的成长过程。同时，还要向家长说明教师找家长约谈不是"告状"，找家长了解情况也不等同于"请家长"，消除了家长的顾虑才有助于提高家长的主动沟通意识。

3. 明确共同承担的责任和义务

共同承担的责任和义务是指在沟通中不但要责任明确，且双方乐于共同分担，同时也要求保障权利的平等。双方的平等交流、互相尊重和理解是沟通能够顺利开展的重要条件。教师要摆正自己的位置，不要以教育者自居。要善于听取家长的意见并且乐于接受公众批评，使家长愿意和教师接近、沟通。老师要有强烈的责任感和角色意识，要明确自己在家校合作中承担的任务，同时树立为家长服务的意识，改进服务质量，争取家长的理解，以服务求发展，做好教育工作解决家长的后顾之忧。

二、认知障碍及其应对

良好的人际沟通是二者相互交换信息，体现出双向的特点，但教师和家长由于主客观因素的影响在家校沟通中存在认知差异。这也导致了双方在沟通中持有不同的态度和沟通方式，进而常常出现沟通不畅等问题。

（一）认知障碍的表现

1. 未充分认识到家校沟通的必要性

从家庭方面来看，大部分家长缺乏参与学校教育的意识，没有认识到参与学校教育是自己的权利和义务，或者对自己的权利和义务认识不全面。有的父母把孩子送到学校后，就把教育孩子的责任全推给了学校，在思想上放松了对孩子的教育。他们认为教育孩子主要是学校的事情，孩子的学习和思想归老师管，自己只管孩子的吃、穿、住。持有这种思想的家长一般不会热心参与孩子的教育，在学校邀请其参与家校沟通时，积极性就不高。相反，他们还会把家长参与看作学校推卸责任、无能的表现。另外还有很大一部分家长只关心子女的学习成绩和分数，在其他方面则对孩子娇生惯养、百依百顺，或对孩子过于苛刻粗暴。还有一种情况是家长觉得自己的文化素质不高，不懂教育，没有能力参与学校教育活动。

从学校方面来说，一些教育工作者认为家长一般教育程度较低、文化素养较差，往往不懂如何教育孩子，他们不仅没能力参与学校教育工作，反而时常给学校带来麻烦和干扰。由此可看出，教育工作者和家长都存在未认清家校沟通实质、沟通意愿不强的情况。

2. 沟通前准备不足，沟通后追踪不到位

很多教师和家长对于沟通停留在感性认识上，认为不需要做沟通的准备。然而，有效的沟通需要教师与家长在沟通前充分准备，尤其是提出沟通的一方，也就是信息源。沟通的准备是促进成功沟通的前提，对于那些做好准备的教师和家长来说，双方对沟通内容、方法、技巧和后果都有预测，使得沟通效果显著。例如教师与家长都对如何教育孩子做好了充分的沟通准备，那么双方就会主动去观察孩子的改变，从而验证自己的教育方法，彼此再进行详细的沟通。也正是因为沟通前的准备不足，才会导致沟通后的追踪不到位。例如教师与家长双方对沟通不做准备，那么他们往往由于缺乏沟通的技巧，以及难以预测沟通结果而导致沟通无效，自然对沟通结果的追踪不到位。

3. 责任明确但彼此不配合

有时候教师和家长对沟通责任的认识非常明确，认为只有家校双方尽职尽责才会使学生健康成长。然而在实践中，无论是教师与家长之间，还是家庭成员之间，或者教师之间都存在缺少配合的问题。教师与家长之间缺少理解，常常导致言行不一。家庭成员之间责任不明确，会降低教师与家长的沟通效率。带班教师之间缺少合作意识，降低了家长对教师工作的信任度，从而导致沟通不畅。

4. 沟通目的不明确导致跑题

教师和家长都应当意识到通过双方的沟通不仅可以实现教师和家长关于孩子信息的互通，而且对教师的专业成长、家长的教育观念及方法都有积极的影响。但在现实中，由于新手教师缺乏沟通经验、教师与家长在沟通时的功利心理、教师和家长都缺乏沟通策略，双方常常在孩子出现问题后才急于沟通，使得教师和家长本应"三赢"的沟通，成为"告状"或"下命令"这样的跑题的单向沟通。

（二）认知障碍的改善

1. 树立正确的沟通观

教师应先从思想上重视家校沟通，并在沟通中把家长视为学生教育的合作者、支持者，积极主动地与家长联系，更多地了解学生及家庭情况，并与家长共同探讨如何使学生更好成长的方法。教师应当了解，要实现有效的沟通，就要平等地对待每位家长和提供平等的沟通机会，并且认真地倾听家长的讲述，尊重他们的看法和观点，乐于接纳家长；教师还应尽量使家长对沟通的内容感兴趣，并共同选择沟通的形式、创设沟通的情境。只有教师树立了正确的沟通观，才能向家长做出良好的示范，创造和谐的沟通氛围，并以促进学生成长为目标，灵活运用恰当的沟通技巧，引导家长积极参与沟通合作，不能只是一味地强调教师的良好动机和教育方法的科学性。

2. 做好沟通前的充分准备

真诚的、有价值的沟通应首先从观察了解孩子以及孩子的家庭教育情况着手。了解本班学生和所处家庭的基本情况，是教师开展有效沟通的前提和基础，也是制订家校沟通计划的关键依据。

首先，了解学生自身的情况。教师可通过与学生互动、学生与同伴交往的情况，以及学生在班级中的纪律表现、发言的积极性、学习新知识的能力和参与各种活动的状况，来了解其学习能力和创造力等方面的发展情况，必要时可将关键信息用笔录或摄像的方式记录下来，以便保存。其次，了解学生所处的家庭环境。教师可通过与日常接送孩子的家长进行较轻松的面对面聊天，以培养彼此间的感情和信任，并本着保密的原则和真诚的态度，从多个方面熟悉其家庭环境。此外，教师还可以通过与家长的个别沟通，了解到哪位家长与孩子接触的时间最多，哪位家长主要负责孩子的教育且较有效，哪位家长对孩子的影响比较大，以及学生是否为独生子女等。这些信息对更好地解决学生在成长中所遇到的问题并帮助其有效地改善有较大的促进作用。这些情况都与我们如何与家长沟通、选择什么范式、提出什么教育建议有关，需要教师做有心之人、有智慧之人，为有效沟通做好基础工作。

3. 构筑理解与信任的沟通平台

教师的工作需要家长的支持，教师要想得到家长切实而有效的支持，也必须得到家长的充分理解，教师与家长之间要相互理解、相互支持。学生家长在支持教师工作的同时，教师也应该站在家长的角度换位思考，理解家长的辛苦与忙碌，支持家长的想法和意愿，真诚地交流和探讨，而不应把影响沟通的原因完全归结于家长工作忙这一个方面。信任是教师与家长实现有效沟通合作的心理基础，因而，教师首先要保持诚恳和负责任的态度，让家长感受到你对他家孩子非常关心，对待家长工作非常认真。

4. 明确沟通目的

首先，在沟通前尽量全面地了解学生的各方面信息，做一个详细记录并依据了解到的情况拟一个简单的沟通提纲。其次，在真正的沟通过程中，要做好笔记，这样做的一个好处是能让家长亲身感受到这位教师是多么地关心孩子，给家长留下教师工作认真负责的印象，从而提升家长对教师的信任，另一个好处是从情感上更容易沟通，并有助于建立起良好的合作关系，从而达到预期的沟通目的。

三、信息障碍及其应对

我国学者凡禹将沟通中的信息障碍解释为语音差异造成隔阂和语义不明等原因造成歧义。在沟通中，教师和家长双方可能会因为词不达意而使彼此焦虑，情绪无法被安抚。要达成有效的沟通，要有良好的信息处理能力，即沟通的核心——反应和回馈。然而，反应和回馈是要在双方沟通过程中发生的，受沟通过程影响。

（一）信息障碍的表现

1. 沟通内容不科学

通常情况下，家长希望从教师那儿得到的是积极正面的好信息，然而教师与家长沟通时谈论的主要是学生的不足，使得家长产生挫败感，影响表达的顺畅程度，或者将教师的忠告视为批评。长此以往，家长可能会把教师的主动沟通误认为是告状或领任务，甚至可能会错误地认为教师对自己的孩子心存偏见，从而降低了家长参与沟通的积极性。教师和家长沟通的内容本应包括学生成长的各个方面，然而部分家长过多地关注孩子的学习情况，不够重视孩子的个性、心理等因素，重知识灌输、轻兴趣培养。个别教师明知这种现象不合理，但为了迎合家长，会说些违心的话或者放弃沟通。

2. 沟通语言不准确

不确切的语言会成为沟通的障碍。教师面对各式各样的家长，采用的语言要简明化、具有通俗性和针对性。特别是要针对家长的用词、方言、文化背景、职业等特点，用家长习惯、方便理解的语言进行表达。否则，有可能不仅达不到谈话的目的，甚至还造成误解。

3. 沟通反馈不及时

反馈是沟通过程的一个重要组成部分。在有关学生教育方面的沟通中，教师与家长的反馈可以让对方了解其想法和行为的实施情况，根据反馈来判断如何调整教育的方法和思路，但由于教师和家长的工作繁忙，常常无法及时或很少及时将学生在校、在家的表现和跟踪情况反馈给对方。这样使彼此了解到的学生的真实情况不足，对双方制订下一步的教育计划很不利，不能较有效地沟通孩子的未来成长方案。

4. 沟通渠道不恰当

教师家校沟通常用的渠道主要包括：面对面沟通、微信沟通、电话沟通和书面沟通。其中，在接送时的交流、约谈、家长会、家访等属于面对面沟通。由于家长会、约谈和家访的频率较低，使面对面的沟通方式使用受限。由于接送时间较集中，教师在接送时的交流常常面临一对多的情况，每位家长接受沟通的机会不均等，容易顾此失彼；电话和网络等非面对面沟通方式虽然方便快捷，但增加了教师的工作时间与工作量；家长可能在微信群里聊到很晚，并且群里的信息量很大，容易出现漏掉关键信息的情况，这不仅影响了其他教师与家长的休息，而且在一定程度上也导致了双方的交流不畅。在非正式沟通中存在流言式和单串型沟通，如家长之间互传小话、学生不经意地传话，信息有可能在传递过程中被歪曲，而致使教师和家长之间造成误会。

5. 沟通技巧不娴熟

教师缺乏一定的沟通技巧，会影响沟通的效果。尤其是与家长交流学生的不足时，掌握了沟通技巧的教师能较委婉地指出孩子的不足，并且不会使家长感到难堪。那些讲究沟通技巧和懂得尊重家长的教师也更易赢得家长的信任，但是一些教师由于欠缺沟通策略以及不了解家长的职业背景和教养方式，没有采取适宜的沟通策略，而未能达到沟通的目的。

（二）信息障碍的改善

1. 改进家校沟通的内容和形式

现代的家长逐渐重视孩子的教育，也渴望能够与教师进行详细的沟通，了解育儿知识。同时，家长也格外重视对家庭隐私的保护。教师要珍惜每一次与家长的沟通机会，沟通内容需要有系统性、针对性、问题性、现实性及时效性，沟通形式需要讲究互动性、直接性和灵活性。因此班主任及任课教师要合理安排，给予每一个家长平等的机会，有计划地与每一位家长进行沟通，有机结合集体沟通与个别沟通。对于家长会、家长开放日等集体沟通形式也应本着平等的原则，确保家长的知情权。教师在会前应尊重家长的隐私，征求家长的意见，将家长分成不同的小组，根据不同组别开展不同活动。在会中应多给家长时间，让他们成为主角。在会后也要加强个别沟通，增强联系和了解。

2. 提高沟通语言的表达技巧

在家校沟通中教师作为重要的主体，不仅代表着自身的个人修养，也代表着学校的整体形象。马卡连柯就曾主张师范学生不仅应当练习怎样和学生谈话，同时还要练习怎样和家长进行谈话。首先，注意语言的积累与表达的学习，用语应当准确具体。其次，在提供教育指导的过程中，教师语调要柔和亲切，切勿以专家自居，不要发号施令似的总是说"必须""应该"怎样，也避免使用专用术语，更不能责怪家长，要尊重身份和职业不同的家长。再次，在与"有异议"的家长交流时，要善于体谅和支持家长，对家长某些错误的想法和看法要有耐心，控制好自己的情绪。用积极和友好的态度说明不同教育思路方法的利弊，请家长理解与选择。此外，教师还应发挥表情、手势、暗示、强调内容和增添语义的积极作用。

3. 及时处理沟通反馈

反馈是沟通过程中不可忽视的一个环节，罗宾斯认为，反馈是指接受者接受信息源发出的信息，然后经过消化、吸收，把产生的反应传达给信息源。教师应当重视每次沟通之后的后续反馈，持续性地将有关学生问题及教育进步的变化过程反馈给家长。同时，学校也要注意建设互动反馈的沟通管理机制，如制订相关的管理制度、确立相关的责任人、建立沟通的评价制度等。对家长提出的建设性意见，有的放矢地给予反馈。从整体上完善沟通环节，实现有效沟通。

4. 规范并拓宽沟通渠道

教师和家长的沟通渠道应该随着时代的变化和家长的需要而不断更新，并将传统沟通方式与现代沟通方式相结合。教师和家长可以通过QQ或者微信等方式，在网络环境下相互了解、积极配合。利用网络的即时性、敏捷性、协作互动性等特征，实现学校和家庭的双向协作互动和同步教育。老师和家长在没有时间和地域限制的交流下，达到了共享资源和互相传递信息的目的。与此同时，教师要及时关注家长对网络消息的回复，能够及时针对家长忽略的信息给予说明。同时对生活比较困难、双职工的家庭，传统的家访或者书信等渠道也能达到良好的沟通目的。总之，学校应该设置丰富、快捷、灵活的沟通渠道，以满足家长的不同需求。

第四章
教师家校书面沟通的礼仪与艺术

书面沟通是做好学生和家长工作的重要途径，在班主任、任课教师工作中往往占据重要的一部分。通过书面沟通能够让家长了解学校、班级的动态，学生在校期间各种表现的记录等信息，并可以留存查阅、反复阅读、随要随读。本章将从教师与家长书面沟通的价值、形式、礼仪和技巧等方面，探讨教师家校书面沟通的礼仪与艺术。

第一节　教师家校书面沟通概述

书面沟通借助于书面文字材料实现信息交流，是一种以文字为媒介的信息传递方式，是人际交往不可缺少的重要途径。这种沟通方式一般不受场地限制，信息稳定不易被误传而且是经过深思熟虑、反复斟酌才发布出来的，所以较为正式，有着口头沟通所不具备的优势。

一、教师家校书面沟通的含义及分类

教师与家长之间的书面沟通是指通过书面形式进行的交流，用于传达信息、交流观点和表达关切。书面语言经常用于学校和家庭之间的沟通，旨在促进学生的学习和发展。教师与家长之间的书面交流可以根据交流的目的、内容和形式划分为以下四种常见的类型。

1. 通知和通信

这种书面语言形式常用于传达重要的通知和信息，例如学校活动、家长会议、考试时间表等。通知和通信的语言通常直接、简洁明了，目的是确保信息的

准确传达。

2. 发展报告

这种书面语言形式用于向家长汇报学生在学校的学习进展和表现，可能包括学生的学习成绩、参与度、行为表现等。发展报告的语言应该客观、准确，并且可以提供改进的建议。

3. 问题和反馈

这种书面语言形式用于教师和家长之间的交流，以解决问题、回答疑问或提供反馈为主，可能涉及家长对学生学习问题的咨询、对教学方法的建议或对学校政策的疑问等。问题和反馈的语言应该友好、尊重，并且重在探索解决问题的良方。

4. 教育专题讨论

这种书面语言形式用于与家长讨论学生的教育发展和学习计划，可能包括学生在特定学科的表现、学习目标的设定、课程选择等。教育专题讨论的语言应该更为详细、专业，并且需要解释学术概念和术语。在所有书面语言的分类中，清晰、简洁、尊重和目的明确是重要的原则。教师与家长之间的书面交流应该具有相互理解和有效沟通的特点。

二、教师家校书面沟通的优势

1. 不受时间和空间的限制

教师与家长进行书面沟通时受时间和空间的影响较小。比如教师发布通知后，家长在任意时间段、任意地方都可以阅读。一般来说，教师与家长无须约定固定的时间和空间，这就大大提高了教师与家长沟通的便利性。

2. 形式多样

教师和家长可以通过多种书面方式加强沟通。如当学校或班级开展教育活动需要请家长参加指导时，可以用通知书、邀请函、告家长书等形式联系；当学生在学校取得了突出成绩或出现了问题而教师不能进行家访时，可以用贺信的形式向学生家长表示祝贺或者用通信的形式向家长说明情况；通过学生成长手册的传递，还能有效地帮助家长了解学生在校学习的基本情况，起到相互交换意见的作用。

3. 信息可靠程度高

教师家校书面沟通所传达的信息是经过深思熟虑、反复斟酌才发布出来的，所以可靠性高，并且有文字为凭证，也不容易被误传。书面记录可以为双方提供一个共同的依据，使得沟通更加明确和有据可依，还提供了一个相对稳定和固定的形式，减少了信息被误传的风险。

4. 保存时间长

教师与家长书面沟通的内容一般可以长期保留，方便家长和教师反复阅读、理解和消化信息，以确保准确理解，还能够持续跟进学生的情况或问题解决的过程。如学生手册上教师的评语，它既可以反映学生在学校里的实际表现，也能够纵向反映学生的成长与变化。

第二节　教师家校书面沟通的常用形式

教师家校书面沟通的形式多样，使用较多的有学生成长记录手册、书信、评语，下面就这三种形式分别进行阐述。

一、学生成长记录手册

《学生成长记录手册》是教师与家长之间进行书面沟通的重要方式之一，是贯穿学生学习过程的成长记录。它能够把学生在校期间的各种表现以纵向记录的形式告诉学生家长，让家长能够从纵向和横向来比较孩子的学习和成长情况，做到心中有数，及时调整自己的教育理念和教育方法。

（一）《学生成长记录手册》的设计与管理

1. 自主设计

《学生成长记录手册》的设计由师生共同商讨而定，以学生为主，能够充分调动学生的积极性。由学校制订基本框架，各年级形式各不相同，能彰显个性，有充分的创意空间。还能够紧密联系学生的生活实际，体现学校的办学特点。如学生自主设计的"我的红领巾奖章"，在校内实施以学生为主的"日日评"和以班级为主的"月月评"，校外实施以家长为主的"周周评"和"假期评"等。

2.多维管理

学生具有主动权，可以自己设定评价项目；教师具有主导权，各学科教师积极参加学生的评价，同时积极组织与家长的交流，从而实现全员育人；学校具有组织权，开展相关的评比活动，充分调动教师、学生及家长的积极性；家长具有参与权，参与到学生成长记录的过程中来，是评价的主体。

（二）《学生成长记录手册》的创建

1.把握立德树人的根本任务

在《学生成长记录手册》的创建中，要始终紧扣立德树人的根本任务，指向学生的全面发展。如在"五育并举"展示平台中创建"我爱锻炼"板块，为学生的睡眠、视力、体质管理提供保障；创建"劳动最光荣"板块，通过开展劳动教育主题班会、劳动实践教育活动、积极打造学校劳动教育实践基地等，以知促行，切实提高学生的劳动意识和劳动能力；创建"书海畅游"栏目，其中包含"阅读时间""阅读书名""喜欢的词句"以及"我的感受"几个方面，能够引导孩子们丰富语言知识的储备，为其成长发展奠定文化根基。

2.突破单向沟通，打造家校共育的互动平台

运用《学生成长记录手册》的评价过程是学生自己、同伴、全体教师、家长共同参与的互动过程，评价各方以尊重为核心，在平等、民主、和谐、愉悦的心理状态和精神氛围下交互作用，家校联手，互为补充。在这个过程中，教师、学生和家长超越了简单的信息传递，建立了更深入的互动和合作。他们可以共同探讨学生的学习需求和兴趣，分享对教育的观点和经验，共同制订学生的学习计划和目标。这种互动平台可以促进信息的交流和共享，同时也提供了更灵活的时间和空间，使得三方能够更好地参与和贡献，实现家校共育。

3.传统形式与现代形式的有机结合

在新时代，对学生的评价也需要加以改变。我们首先应该认识到，要培养五育并举、全面发展的学生，所以教师和家长除了对学生的学业水平进行评价，思想品德、艺术素养、身心健康和社会实践方面也都值得沟通交流。另外，随着互联网的蓬勃发展，可以通过学校网络技术平台，利用无法作伪和更改的方法记录并保存学生成长的信息，可以像"朋友圈"一样查看学生成长的过程，实物与电子化结合，从而构建一个有温度、有真相、会变通、有智慧的成长记录手册。

（三）《学生成长记录手册》的使用

1. 信息的收集

《学生成长记录手册》内容的展示来自教师本人对学生表现的观察，例如课堂上的表现、作业情况、学校社团的参与情况、测试情况等；可以来自学生本人，教师通过与每个学生进行的定期交流，互通信息，使学生及时知道教师对其学习、生活情况的评价，并收录到记录册中；可以来自学习小组，通过学习小组组长、组员的定期交流，从学生同伴的角度了解学习的进展情况；《学生成长记录册》信息的收集还可以来自家长，通过家长对学生的评价，反映学生日常生活中的表现。

2. 利用的技巧

《学生成长记录手册》中的每一个板块都需要孩子自己的主观参与，其内容既涉及学习又涉及生活，全面记录学生成长的历程，因此既要内容丰富充实，又不能杂乱无序。首先，要求学生做一个有心人，常提醒学生留心生活，将具有纪念价值的信息记录留存在手册里面。其次，要定期展示《学生成长记录手册》，并在班里进行交流、评比，通过看一看、评一评展示自己的收获，体验和分享成功的喜悦。指导学生查阅回看手册，不断地审视自己、评价自己，同时欣赏自己和接纳自己，感受自己在成长历程中经历的成功与失败，帮助学生找到自己的进步和改变，找到不断努力的强大动力源泉。

二、书信沟通

书信沟通是做好学生家长工作的重要途径，通过书信可以把学校或班级要开展重大教育活动的消息通知给学生家长。书信形式多样，按照其作用来看，可分为汇报性书信、交流性书信、祝贺性书信、请柬、活动（会议）留言等。

（一）汇报性书信

汇报性书信可以将学校的班级工作计划、活动图表等寄给家长，请家长提出意见和建议。学校的工作章程或条例等文件也可以发给家长，以便家长更好地配合和监督学校的工作。

案例 4-1：汇报信①

尊敬的家长：

　　我写信给您，向您汇报我们班级的工作计划和活动安排，并邀请您提出意见和建议。

　　为了确保班级管理工作的有序进行和学生的全面发展，我们制定了一份详细的工作计划和活动图表，以便您了解我们在学期内的安排。在工作计划中，我们列出了每周的课程安排、教学重点和学习目标。我们努力提供多样化的学习经验，包括小组活动、实验和讨论等，以促进学生的积极参与和深入理解。我们还计划组织一些特殊活动，如校园参观、社区服务和文化体验等，以拓宽学生的视野和培养他们的综合能力。

　　如果您对工作计划、活动安排或其他方面有任何疑问或建议，请随时与我们联系。我们欢迎您的参与和支持。

6 年级 1 班班主任李 *
**** 年 ** 月 ** 日

（二）交流性书信

　　交流性书信是将孩子的成长现状以书信形式告诉家长，可以是学生情绪、心理、学习情况的反映，也可以是学生活动的汇报。

案例 4-2：交流信②

尊敬的家长：

　　我写信给您，是与您交流关于您孩子的情绪问题。

　　首先，我想分享一些关于您孩子在学校的情绪和心理状态方面的观察。您的孩子平时学习努力、态度端正，但是我也注意到她最近表现出一些学业上的焦虑或紧张情绪。我们希望与您一起探讨她的情况并为她提供适当的支持，相信您的支持和参与对孩子的发展至关重要。

5 年级 1 班班主任陈 *
**** 年 ** 月 ** 日

①② 刘苏媛 . 书信——架起家校沟通的桥梁 [EB/OL]. https：//mp.weixin.qq.com.

（三）祝贺性书信

学生的进步、比赛时的获奖情况都可以通过祝贺性书信向家长传达，因势利导，共同促进学生的全面发展。老师简短的字条既是传喜的捷报，又是鼓励的号角。家长很自然地会将对老师的感激转化为与学校共同教育、促进孩子成才的行动。

> **案例 4-3：**祝贺信[①]
>
> **尊敬的家长：**
>
> 　　我写信给您，向您致以最诚挚的祝贺！
>
> 　　很高兴地告诉您，您的孩子在最近一次数学考试中有很大进步。在这次考试中，她显示出了对抽象概念和实际应用的深刻理解。我们为您孩子的成就感到自豪，并期望她在未来继续进步。
>
> 6 年级 3 班班主任王 *
>
> **** 年 ** 月 ** 日

（四）请柬

请柬也就是以书信的形式把家长邀请到学校，如家长公开课、家长会邀请函等。

> **案例 4-4：**请柬[②]
>
> **尊敬的家长：**
>
> 　　经学校研究，定于 **** 年 ** 月 ** 日下午 2 点召开全校家长邀请会，主要内容有：一是向家长宣传有关政策。二是通报您孩子本学期的学习情况。三是召开座谈会，征求家长对学校工作的意见和建议。四是班级作业展览。特邀您参加，谢谢您的支持。
>
> 5 年级 3 班班主任王 * 特邀
>
> **** 年 ** 月 ** 日

①② 刘苏媛. 书信——架起家校沟通的桥梁 [EB/OL]. https://mp.weixin.qq.com.

（五）活动（会议）留言

在各种活动之后收集的家长、学生的反馈意见就是活动（会议）留言，在查阅资料时活动（会议）留言能够提供准确的信息，改进、完善工作。例如在开完家长会后，请家长在意见册（留言册）上写下留言，方便学校收集资料、反思工作。

案例 4-5：讲座留言①

王 * 的家长说： 首先要感谢教师们的辛勤培养。这学期我看到了孩子的进步和孩子对学习浓厚的兴趣，对自己也有了自信，我也很开心。是教师您激发了儿子对学习的兴趣，作为家长的我也要积极配合教师的工作，使孩子更加健康，在快乐中成长。

张 * 的家长说： 对即将成为一名中学生家长的我来说，听了校领导和教师们的讲话，无疑是上了生动的一课，让我懂得了怎样配合学校引导教育孩子，也让我感到了家庭教育的重要性。这次长达 2 小时的培训内容都是教师多年教育实践的精华浓缩，让我受益匪浅。此次培训像一场及时雨，让我们知道角色转变后要注意很多问题，也让我们在孩子的教育问题上有了新认识，谢谢学校对七年级新生的重视。感谢领导、教师们的精彩讲座，本次活动特别成功。

韩 * 的家长留言： ①希望今后经常做这样的培训，加强学校与家长的沟通，教师们也要多注重孩子的人格培养。同时建议按不同季节配置校服，这样学生就不会有攀比心理，而且会使管理有序、校风校貌整齐严谨。②希望能严格要求学生，能把孩子在学校的情况主动反馈给家长。建议学校成立家长委员会，组织召开家长代表座谈会，多征求各方对学校的工作意见和建议。③希望定期举办类似的培训，校方要建立一些教师与家长的沟通平台，如网络等。希望学校能在现今孩子们非常优越的生活和学习环境下，培养出他们吃苦耐劳的美好品德。

---

① 贵阳社区教育 . 慧做家长 [EB/OL]. https://mp.weixin.qq.com.

三、教师评语

教师评语里潜藏着老师的关注、期待和祝福，是情感交流，也是联系教师、学生和家长的纽带。教师要重视评语的重要价值，哪怕是小小的评语，也能在不经意间成为学生成长的助推器，点燃学生的希望之火。一份好的评语要深掘优点，指出不足；饱含期待，实事求是；客观准确，多元评价；措辞用语，讲究艺术；多"赞"少"嫌"，爱护学生。一份认真、用心书写的期末评语，既是对学生的负责，也是对家长的交代。

（一）形式多样以引起注意

教师评语形式上的多样性可产生轻松幽默的效果，学生和家长会愿意去读。尤其是某些形式贴近学生本身的兴趣爱好，比如针对喜欢诗词的同学可以用诗词的形式来写，针对喜欢数学的同学可以借用数学知识去表达，除此之外，还可以用打油诗。另外，还可以采用图文并茂的方式，收集学生的日常照片、使用受学生欢迎的表情包，等等。同时，教师也应该深刻认识到，各种各样的形式是"锦上添花"，教师评语更重要的是用心用情。

> **案例4-6：**评语1[①]
>
> 　　　　王聪同学有头脑，就是不爱用正道。
>
> 　　　　上课爱做小动作，插话接舌瞎胡闹。
>
> 　　　　书法练习写得好，平时作业一团糟。
>
> 　　　　学习态度不太好，学习成绩不太妙。
>
> 　　　　你若聪明应知道，有才不用是草包。
>
> 　　　　劝你来期赶紧改，否则成绩更糟糕。

> **案例4-7：**评语2《我盼你》[②]
>
> 亲爱的孩子 / 你的妈妈说你爱玩 / 其实你就像老师小时候 / 我的妈妈也这

[①] 温剑文. 有一种惊喜，叫老师这样写期末评语 [EB/OL]. https：//mbd.baidu.com.

[②] 王建平，庄春妹. 生命教育之诗性评语——教师评语新探索 [EB/OL]. https：//mp.weixin.qq.com.

样 / 说我们忘记了时间的轨道 / 晨昏颠倒……若你把五个任务都在每日轨道上安插好 / 每个车厢的任务都不丢下 / 在准确的时间驶入每个站点 / 那会是什么样子呢？

（二）语言活泼以贴近心灵

在语言表达上，教师应注意让评语的语言丰富、活泼一点，以拉近教师与学生的心灵距离。在评语中也要注意体现平等的观念，教师可以以大朋友的身份和孩子讲话。

案例 4-8：评语 3[①]

你说"我的学习要加油，争取赶上大家"，亲爱的孩子，你知道我看了这话心里有多高兴吗？

亲爱的孩子，你知道吗？这个学期我最开心的事情就是亲手在你的期末试卷上写上了 100 分，这是我们两个共同的心愿哦，很高兴你实现了，这是你平时勤于思考的最大收获，恭喜你！

亲爱的孩子，我提起笔来，心中觉得非常矛盾：一方面你是我最爱的孩子之一，你的敏锐的观察能力，出色的数学思维状态，分析问题、解决问题的能力都是出类拔萃的，数学水平、成绩在班级名列前茅，课外学习也收获满满，还取得了"迎春花杯"决赛一等奖的好成绩，恭喜你！我非常欣赏并期待你在数学之路上越走越好！另一方面你又是让我非常操心的一个孩子，常常因为管不住自己而影响自己、影响别人……

（三）正面反馈以达成目标

罗森塔尔效应告诉我们：赞美、信任和期待具有一种能量，它能改变人的行为。在评语中，教师要遵循以鼓励为主的教育原则，并写下对学生的期许。在下面这段评语中，教师首先肯定了学生对自我的鉴定，同时还援引了他人即同学的评价，表扬了该同学与人为善的美好品格，另外也提出了对该同学的期许，希望

---

① 郭文红. 把评语写进学生的心灵里 [EB/OL]. https://mp.weixin.qq.com.

该同学能够更多地参与活动。这样的一份评语，既能够表扬学生，也能够促使学生取得更大的收获、得到更多的成长。

案例4-9：评语4

"心思细密的阳光小女孩"，我非常认可你对自己的鉴定哦，同学说你是一个"可以让人心变得温柔的同学"，多棒的评价啊，看到你就仿佛看到了一缕阳光，明媚、清澈、透亮，让人觉得充满希望，有你在班级真好！我很看好你哦！待人真诚友善，乐于帮助别人，善于管理自己的情绪，所以你拥有很多好朋友，为你高兴！期待下学期的才艺大展示中能够见到你美丽的身影，你愿意吗？

——摘自课题组调查记录

第三节　教师家校书面沟通的技巧

一、书面语言表达的礼仪

（一）相互尊重是基本前提

相互尊重是教师与家长交往最重要的准则。尊重意味着平等，教师与家长要树立平等的思想。作为孩子成长路上影响最大的两个群体，教师与家长应该相互尊重，平等交流，携手育人。教师要始终秉承学高为师、身正为范的教育理念。与家长书面沟通时，教师首先要注意自己的定位，以礼待人，以情动人，认真、谦虚地听取家长的意见和建议。如果动辄横加指责，说一些有损家长尊严的话，只能损害自己和学校的形象。古人云"亲其师，才能信其道"。家长和教师间从来不存在根本性矛盾，双方都有一个共同的目标——把孩子培养好。因此，家长对待孩子要做到疼爱但不溺爱，对孩子提出的问题要正确看待、客观应对，不能动不动就找老师"兴师问罪"。家长是教师合作的对象，双方应该是平等互助、友好合作的关系。

尊重意味着包容。金无足赤，人无完人，教师在工作和生活中有缺点是正常的，工作失误或犯小错误也是难免的。教师的成长需要一个过程，家长要有容人之短的胸怀和气度，正视教师的不足和失误，不过分吹毛求疵，而应该最大限度地给予理解和宽容，让他们感受到被理解的欣慰，感受到宽容背后的期待，进而以积极的姿态弥补过失，切忌以偏概全。宽容与和谐的氛围能让教师越来越自信，没有思想顾虑和过多的精神压力，教师才能克服困难、解决问题，愈挫愈勇，激发创造潜能。家长也是如此，可能会有一些不恰当的教育观念，会存在好心办坏事的情况，如开家长会时总有家长缺席、老师正介绍孩子情况时有家长的手机铃声响起、在家长群里没有称呼直接提问老师、眼里只有班主任没有科任教师等情况，教师应多包容、理解家长。

尊重意味着独立，教师与家长需要有边界意识。家长要知道占用教师的休息时间是非常抱歉、打扰的事，教师也应知道在学校之外随意涉足家庭教育，会导致家庭问题的转移，教师会背负那个出了问题的家庭最主要的矛盾。教师与家长应有界限，不可有越俎代庖的做法。

（二）明确沟通的目标

我们要做一个目标明确的沟通者，明确的沟通目的是有效沟通的基本保障，是沟通的前提。

首先，教师要清楚自己的沟通目的。如果你是沟通的发起者，在发起沟通之前一定要想清楚自己的目的。包括为自己达成的目标是什么、为对方达成的目标是什么。比如，有学生多次没有按时完成作业，在对学生进行了相关的教育后，教师与家长联系告知这一事情。在这里，教师的目的是想让家长了解、注意孩子没有及时完成作业的情况，想让学生养成按时完成作业的情况，希望获得家长的信任与支持，彼此携手纠正学生的不良习惯。

其次，让沟通对象清楚你的目的。如果无法让别人清晰地知道你的目的，那么沟通效果会大打折扣。自己清楚目的的意义，一方面在于能考虑清楚自己到底要做什么，另一方面是帮助自己更加准确地定位沟通对象。让对方清楚你的目的的意义就在于能一定程度上保证在沟通的过程中大家的目标是一致的，不会被过程中一些无关痛痒的话题吸引注意力。例如，以学生多次未及时完成作业、教师向家长告知这一例子来说，教师的目的是希望家长多关心学生，而不是批评学生。因为教师已经对学生做了相应的批评、教育和引导，教师之所以联系家长，首先是告知学生在学校的真实情况，是尊重家长的知情权。但更重要的是，希望能够引起家长的注意，希望家长多关心学生从而帮助学生。如果家长只注意到学生没有完成作业，对学生大加指责，就完全辜负了教师的期许，过度的批评还可能引起学生的叛逆情绪，造成不良的后果。可见，如果没有目标做指引，在沟通中很容易被情绪牵着鼻子走。

最后，教师应时刻记住是为了让学生变得更优秀才进行沟通，沟通是建立在尊重和合作的基础上的，而不是为了说服和控制。在沟通中，矛盾往往是由于双方对于教育方法的认识不同而产生的。在对孩子的教育上，教师和家长都各有话说，都认为自己是正确的一方，但其实纠结于方法的对错对于工作的完成意义不大，沟通最根本的是我们要达到什么结果，其次才是要采取什么样的相互配合、支持的方法。

（三）提升书面言语的准确性

教师与家长在书面沟通时应尽可能做到准确，因为沟通就其本意而言是意义的传递与理解，对发送者而言其最低要求是说清楚，保证被对方正确理解而不误解。教师与家长书面沟通的一个重要作用就是传达信息，所以准确表达是基本的要求与礼仪。

首先，站在理解家长的角度进行表达沟通。表达是否准确的判别标准，不在发送者，而在接收者。只有接收者准确理解了发送者的本意，信息发送才算成功。根据心理学家的研究，人们普遍存在着"自我中心"的倾向，表现在沟通过程中，即常常习惯、喜欢从自己的角度考虑问题而忽视对方的接收意愿和能力。沟通中有个重要的障碍是"选择性知觉"，即接收者会根据自己的需要、动机、经验、背景及其他个人特点有选择地去关注或者去解释同一个信息。换句话说，对同一信息，大家的关注点和解释角度是不同的，家长在知识储备、理解力、思考模式上也是有差异的。因此在沟通过程中，教师应该站在家长的位置上，客观理解其真实看法和内心感受，准确把握对方的接收特点、规律和习惯，尽量选择合理的、能够使对方准确理解自己的词语表达。

其次，符合语法规则。语言通顺且遵循基本的语法规则是基本的保证不被误解的最低要求。如主谓宾完整、介词结构不能做主语、用词得当、修饰语和中心语搭配得当、主谓搭配得当，等等。教师在书面沟通中应仔细选择措辞、组织结构和语气，以确保信息能够准确传达，且尽量避免模糊或误导性的表达。

最后，表述要具体严谨。沟通专家认为，具体的词语一般比较明确，能够在接收者脑海中形成清晰的图像，吸引接收者的注意力。而抽象的词语就不那么明确，虽然含义更广泛概括，但容易让人不明白究竟。另外，沟通中还有一个重要要求是严谨。用词、逻辑都需要严谨，否则就可能引起歧义，被误解或曲解。例如，"尽快上交"就不如"本周三放学前上交"便于操作。

二、书面表达的技巧

（一）确定形式增强针对性

教师与家长书面沟通的方式多样，如家校联系册、书信、函、便条等。如果不加以区分随意使用，则可能带来误解，使得沟通的效果大打折扣。家校联系册是家校之间沟通的桥梁，可以多方面地反映学生的情况，如作息情况、阅读情况、作业完成情况、品德方面的情况，等等；书信则较为正式，能够引起家长的重视；便条应用场景多，是最为灵活的。前文已对相关方式做了阐释，这里就不再赘述。总之，在选择书面沟通这种沟通形式的时候，首先就是要根据实际情况或者目的，选择恰当的书面沟通方式。

（二）运用图表增强直观性

常用的书面语的协同语境有两种：一种是照片和插图，另一种是图表和公式。教师与家长在书面沟通中如果善于运用照片、插图、图表和公式等，就能够增强直观性，增强说服力，让人印象深刻，便于记忆。相较于文字，图表还能够迅速传达信息，可以直接突出重点，也能更明确地显示事物间的相互关系。但如果过度使用图表也会带来负面效果，所以要根据实际情况合理使用。同时，人眼遵循"从左到右""从上到下"的移动规律，所以重要的信息或者是想要引起读者关注的信息应该放在最前面，图表也应该放到醒目的位置。文字与图片之间的间隔、字体大小、颜色等也都值得注意，并根据实际情况灵活调整。这些细微部分都能体现制作者的用心程度，能够直接影响读者的重视程度。

（三）情理兼容增强感染性

学生是教师与家长书面沟通的出发点和归宿，教师与家长的书面沟通要指向学生的发展。所以在书面沟通中要做到情理兼容，教师要体谅家长的望子成才之切，家长也要体会教师的良苦用心。在沟通中要避免一味地指责，教师和家长如果沟通不畅，就容易引发各种误解和矛盾。在家校沟通中，教师如果能够倾听家长的意见，明确目标，家校双方就能很好地相互协作、理解。相信每一个家长都真心希望自己的孩子能够越来越好，基于这样的共同目标，老师和家长应心往一处走，劲往一处使，所以要晓之以理，动之以情。

（四）仔细检查增强可靠性

教师与家长的书面沟通，内容的准确是基本的前提。就算在书面沟通中只出现了一处错误，整个沟通的内容也会让人质疑。如果出现错字，内容的可信度就会下降。有了互联网的加持，它的传播广且速度快，可以在同一时间发送或传递给无数人，负面影响一旦形成将难以修复。所以，教师在家校书面沟通的表达上，要注意检查错字、漏字，上下文或语句间的逻辑关系，在表述上是否有歧义等，从而增强书面沟通的准确性，维护教师威信，获得家长的信任与支持。

第五章
家校网络沟通策略

随着网络的普及与发展，网络沟通已经成了教育教学过程中必不可少的一部分。《教育部关于加强家庭教育工作的指导意见》中明确指出，要加快形成家庭教育的社会支持网络，积极构建新型的基于新媒体支持的家校合作方式。网络沟通的方式打破了时空的限制，既快捷又方便，对家校沟通起到了促进作用。但由于家长的网络条件、操作能力的差异，在实际运作中出现了许多问题。为此，积极引导家长进行有效的家校网络沟通是老师们尤其是班主任需要认真思考的问题。

第一节　家校网络沟通的形式与选择

一、家校网络沟通的主要形式与选择

（一）QQ

QQ 是腾讯公司推出的一款即时通信软件。QQ 用户可以通过语音、文字、视频等方式互相交流信息，这一特点完全满足了教师与家长间交互关系的需求。在班级 QQ 群里，教师可以实时分享学生的在校动态、精彩掠影以及学校的相关活动安排等。如果家长对孩子的学习成长存有困惑，也可以分享到班级 QQ 群里，因此 QQ 群使得老师和家长、家长与家长之间可以及时地交流共勉。当然在家长的监护下，老师与学生之间、学生与学生之间也可通过 QQ 群探讨学习中遇到的疑问、学习方法等，从而实现共同进步。

（二）微信

微信是能够保证人们随时发送文字、语音、图片和视频，并且可以将内容进行高效的分享，具备公共消息推送功能的一款网络软件。微信具有微信公众号、微信小程序、微信群聊、一对一私聊等强大功能，因此，利用好微信的各种功能能够极好地服务于家校网络沟通。

（三）钉钉

钉钉由阿里巴巴旗下的产品团队打造，是专注于提升中国企业办公与协同效率的一款办公类 App，有考勤打卡、签到、审批、日志、公告、钉盘、钉邮等强大功能。用户在消息页可以接收和发送消息、添加好友、进行私聊等，在 DING 页可以提醒同事或看到同事给自己的日程提醒，在中间的工作台页面可以查看考勤、审批等，在通讯录界面可以查找公司同事和钉钉好友，在我的界面可以修改个人信息等。

作为家校沟通的优质媒介，QQ、微信、钉钉等网络交流平台成为学校迈入教育信息化的重要手段，在 21 世纪家校合作的舞台上大放异彩。它促使家校关系发生了由量到质的转变，由以往的"学校—家长"的单向沟通方式逐渐向"学校—家长—学校"的双向模式转变并成为现实。不同的平台或者软件都有着自己的优势，但是到目前为止微信仍然是家校网络沟通最主要的途径，使用微信进行家校沟通又主要有微信公众号、班级微信群和一对一私聊这三种主要方式。微信公众号将会专章讨论，下面就班级微信群（包括私聊）进行分析。

二、运用班级微信群进行家校沟通的优劣

（一）运用班级微信群进行家校沟通的优势

案例 5-1：一位一线中小学语文教师的感想

随着微信的应用越来越广泛，微信群目前已经被应用到中小学班级的管理工作中。发挥微信群便捷、高效、即时的特点，有利于班级管理工作的开展，最近的几件事情越发地让我觉得微信群的作用之大。

1.学校要进行经典诵读比赛，我想着班里的孩子都已经二年级了，因为去年读了《三字经》，今年也不想继续带领孩子读《三字经》了。于是我就给孩子们找了一首不算难但也不简单的诗歌，由于准备时间紧张，又恰逢大礼拜，怎么办呢？我第一时间想到把稿子发到家长微信群里，请家长利用大礼拜的时间来指导学生朗读。到了返校，原本都不太熟练的孩子们居然齐刷刷地都背出来了，这让我感到非常意外。

2.由于开学迎接各种检查，我一直忙于整理资料，疏忽了学生的作业质量。最近一段时间就不断发现有孩子不写作业或胡乱写的状况。于是我就在家长群里和家长进行沟通，请家长帮助监督孩子完成作业。一个星期过去了，在老师和家长的共同努力下，孩子们的作业完成情况好了很多。

通过这两件小事，我更加觉得应该让微信群成为教育资讯服务窗口，以便家长和学校能够更好地沟通。老师利用微信群的丰富功能既可以通知班级活动，如停课、调课等通知，也可以给学生布置家庭作业。微信群还能够帮助老师和学生咨询与查询相关教学信息，方便学生的学习与老师的教学。老师能够通过微信群发布课程安排及学习流程，让学生了解并参照相关流程进行学习。此外，家长能够通过微信群向老师了解孩子在学校的情况。老师在微信群中可以组织学生对自己喜欢的课程内容进行投票，使得学生能够真正地参加到班级的管理中来，实现老师、家长与学生对班级的共同管理。

——课题组一位一线小学语文教师学校工作例会分享的记录

作为一种新型的网络工具，微信群具有很多的优势，方便应用于中小学班级的管理。概括起来，有如下优势。

1.快捷方便，时效性强

相比传统的家校沟通方式，班级微信群更为快捷，具有更强的时效性。学生在校的情况或有紧急通知，老师可以第一时间反馈给家长，并及时得到家长回复。学生在家中的情况家长也能快速反馈给老师，学生的小问题在最初的萌芽阶段就能得到合理的处理。配合私聊，也可以第一时间有针对性地沟通探讨如何对待与教育学生，寻求更恰当的方法。

2.直观生动，体会深刻

相较于传统的文字、电话沟通等，即时通信的微信为我们提供了语音、短信、视频、图片等更为丰富的沟通方式。如学生在校冒雨军训，家长很担心，但是通过图片和小视频，家长可以看见自己孩子努力的表情和认真的态度，能为自己孩子的成长感到无比骄傲与自豪。当他们看到学校为孩子们准备了姜汤的图片，也一定能从那碗滚烫的姜汤散发的氤氲雾气中直接感受到温暖，并把它转化成对学校的信任与感激。优秀的实验展示、精美的绘画作品、升旗仪式上的庄严肃穆、奖学金颁奖时的荣耀与自豪……老师用智能手机记录下的孩子们的美好瞬间，再适度地展示在微信群里，会让家长印象深刻。在需要报忧的时候，恰当和委婉的语言措辞配上图片与视频等，更直观生动。例如，教师发现有多处公物被损坏时，配合班级教育把被破坏的公物的图片呈现在群中，就能起到较好的教育警醒作用。

3. 多向沟通，交流顺畅

同年龄阶段的孩子会出现一些相似的问题，家长也因此有着同样的焦虑与困惑。在班级微信群里，老师可以与家长针对某一类问题进行解答分析，这是一对多的沟通；同班同学的家长在这个平台上相互认识、增进了解，他们可以自发探讨如何面对孩子的青春期叛逆心理、分析考试得失、讨论任课老师的风格……这是多对多的沟通；老师和科任教师从家长的讨论中了解了学生的情况，适时调整自己的教学设计，这是多对一的沟通。这些都是传统家校沟通方式难以实现的。

4. 促进了解、增进情感

当前，部分老师抱怨社会漠视教育、家长忙于工作忽视孩子的学习，而部分家长则埋怨老师偏激、不负责任、唯成绩论、方式简单粗暴等，新闻中总有家长与老师发生矛盾进而发生暴力事件的报道。除了复杂的社会因素，双方沟通不畅、缺乏了解也是一个重要原因。通过微信朋友圈，老师可以了解学生家长的工作生活从而深刻地了解学生行为习惯的某些家庭因素。例如家庭的争吵与孩子焦躁心理的关联、单亲家庭孩子叛逆的问题、孩子课余生活的情况等，我们总能在学生家长的微信朋友圈找到蛛丝马迹。当然，当家长在深入了解教师工作之复杂、工作量之繁重、学生问题之多样、学生校园生活的实际后，他们更多的也会谅解、祝福、感谢。教师和家长之间其实可以成为朋友，时时联系增进感情，共同促进孩子的教育工作。

（二）运用班级微信群进行家校沟通的弊端

案例 5-2：我的乖宝宝 [①]

　　武汉林女士的女儿甜甜顺利升入了幼儿园大班，新学期老师建立了一个新的班级群，老师主动晒了自己的照片，以便让家长和宝贝们认识自己，同时她提醒家长们也可以在群里晒晒宝贝的照片，让老师加深印象。

　　接到"指示"后，妈妈们就开始在群里各种"晒娃"。林女士赶紧掏出手机挑照片，不想其他妈妈们早已将娃的照片陆续上传，有晒娃在日本迪士尼的，也有在泰国海滩的，有晒娃坐飞机的，更有发坐高铁特等座的……林女士一边看热闹，一边感叹宝贝们丰富的假期生活背后透出的各种特别味道。

　　"可是，有一部分家长没有那么清闲啊！人家正上班，手机在那咣咣咣滴，不到半小时拿起来一看信息就 99＋ 了。我可以先屏蔽，我可以调静音，可是不能不看啊。一旦老师有交代怎么办？貌似这晒照片也有学问，一张张不经意的照片背后都隐隐透露着某种信息。"林女士正在纠结要不要上传甜甜的照片时，另一个妈妈晒了一张孩子从一辆豪车里下车的照片。看到这里，林女士马上把"发送"改点为"取消"，"不想传了，感觉不晒国外游，不晒豪车就没法愉快地玩耍了。"与林女士所预想的一样，自打那张"豪车娃照"晒出来后，群里原本积极的晒娃节奏就戛然而止了。

　　可见，有时教师的好心和美好的预设，如果考虑不周，没有预计到一些可能性，就可能出现问题。使用微信，确实容易出现下列问题。

　　1. 微信信息过于频繁，干扰家长的工作和生活

　　发布孩子在班级的学习表现及学校重要的动态信息，家长当然乐于知晓。然而每天总有很多信息在群里发布，或来自家长或来自学生，使得有些家长正常的工作和休息受到影响。

　　2. 智能手机的消费，增加家长经济负担

　　对网络陌生的部分家长被迫开通微信，并要求加入家校联系的班级微信群，每个月难免要多消耗不少上网流量。对于经济条件不是很好、同时还没有办理宽带包月业务的家庭而言，每个月的上网流量费用是一笔不小的支出。

---

① 人民网. 班级家长微信群，欲退不能！[EB/OL]. http://edu.people.com.cn.

3. 家长疏忽监管，孩子沉迷于网络游戏

使用微信无形中让孩子过早接触网络，孩子每天放学回来，总有借口借用家长的手机。除了查看微信群里的信息，有时无意间还有可能浏览一些黄色或暴力的有害网站，甚至下载手机游戏来玩，加上有些家长教育孩子的能力和方法本来就有限，最终导致孩子沉迷于网络而堕落。

4. 家长晒娃炫富，引发负面影响

不知从什么时候开始，个别班级微信群开始变了味儿。炫富的、晒娃的、拉票的、搞传销的、做股票宣传的都在上传信息，个别家长还喜欢发布自己孩子的"优秀"作品、获奖证书、旅游美照、成绩表现等，并希望家长们点赞。这些现象让微信群"跑偏了"，班级微信群反而成了一些家长的负担和烦恼。

第二节　班级微信群沟通的主要内容

一、学校通过班级微信群沟通的内容

在家校合作的过程中，学校需要做好宣传家校沟通的工作。学校作为学生学习的主要场所，在传统的家校合作中主要是通过墙报、板报、联系簿等方式对学校进行宣传，现在则可以通过微信公众号对学校重要的事件、信息进行发布。同时，基于微信群的使用，班主任还可以通过微信圈、私聊、微信朋友圈等形式宣传学校。宣传的形式也不再限于文字与图片，可以用视频、微信定期分享、视频直播等方式为家长们提供沟通交流的机会。通过班级微信群，适度恰当地宣传学校信息，增进家长对学校教育管理的理解。

二、教师通过班级微信群沟通的内容

班级微信群是家校合作中最常见、使用最多的形式。在班级微信群里，教师可以及时地分享班级事务管理情况、发布学生的家庭作业、分享学习进度，供家长知晓，促进亲子间的沟通。家长可以通过老师分享的上课视频与图片更直观地了解孩子在校的学习状态，通过老师分享的各科学习方法帮助孩子更快地进步，通过老师分享的育儿方法和其他家长分享的育儿经验指导自己的家庭教育。班主任可以就发现的班级学生的情况及时地通过微信班级群与家长分享解决的方法，帮助家长更好地与孩子交流，不至于等到家长会再解决。教师还可以通过班级微信群主持协调家长间交流教子经验、互相学习、互相提建议或对策等。教师还可以利用班级微信群定期举行家长交流会，提前确定好交流主题，与家长约好时间，通过群语音或者群视频功能邀请家长参加"微型家长会"，弥补传统家长会频率低的不足。

班级微信群的建立不要只局限于一个，可以分学科建立班级微信群。各任课教师自己管理自己的学科微信群，能够避免其他学科的信息影响群成员的使用，教师的指导也会更加有针对性。同时，任课教师也可以分享一些有针对性的学科学习方法供家长参考，这样有利于家长对学生进行辅导，不至于出现讲解有误的情况。对于有背诵内容和发音练习打卡的科目，这样的学科微信群更加有利于任课教师及时检查学生的学习情况，纠正学生的问题。

三、家长通过班级微信群沟通的内容

家长是孩子家庭教育的主要参与者，需要通过班级微信群等形式参与学校、班级的活动、管理等教育工作。如：参与基于微信视频或者语音形式的家长会，弥补传统家长会频率低的不足；通过图片或视频的分享参与学校的亲子活动；就自己所擅长的领域进行分享，或采取对教师进行评估等形式。家长可以根据自己的专业领域直接通过视频的形式为班级分享经验，评价通过微信分享的教师上课的视频内容。还可以建立家委会微信群，家长可以在群里随时发表意见，参与学校的重大决策，提出改进意见。家长还能为学校做志愿服务，例如，精通网络的家长可以参与学校微信公众号的建设与管理等。

四、教师和家长通过私聊沟通的内容

在家校合作中，家长与老师的一对一沟通也是主要的教育合作方式之一。传统的家校合作中，家长和教师只能通过见面或是打电话的方式进行一对一的沟通。用这样的方式获得的信息有限，再加上教师和家长工作较忙，家长主动了解学校情况的意识不强，一学期不会到学校一次，更有甚者在孩子整个中小学阶段

都不会到学校一次。家校合作中微信的私聊功能大大缩短了学校与家长的距离，家长可以在不到校的情况下及时了解学校情况，通过与老师一对一的沟通了解孩子在学校的成长变化。同时，教师也可以通过微信的私聊进行家访，如果班级学生多，教师对所有学生进行一次家访的工作量巨大，再加上有些家长工作忙，教师与家长不好约时间，因此一学期下来实实在在的家访进行不了几次。现阶段，网络技术的快速发展拉近了人与人之间的距离，也拉近了教师和家长的距离。提前约好时间，教师用一部手机就可以与家长完成一对一的视频或语音家访，这样的方式大大增加了教师与家长的交流。当发现问题时，教师也可以及时通过微信的私聊功能与家长进行一对一交流。同时，还可以发送小视频让家长及时了解孩子在学校的上课状态，对于家长遇到的问题也可以及时进行家庭教育的指导，让家长更好地与孩子进行交流。

第三节　班级微信群沟通的原则与要求

一、班级微信群沟通的基本原则

沟通是一门学问，也是一项专业能力，良好的沟通能力、恰当的交流方式是家校合作的前提和保障。教师主动与家长沟通是教师职业道德的要求，也是体现教师专业素养的方式之一。为了提高沟通效率，获得家长的理解和支持，教师与家长进行微信沟通应遵循以下原则。

1. 要平等友好，忌居高临下发号施令

老师要明确，学生才是教育对象，家长不是。虽然不少家长需要老师的指导和帮助，但并不意味着老师可以像教育学生那样教育家长。家长是教师的合作对象，双方应该是平等互助、友好合作的关系，老师不能在沟通中以居高临下的姿态向家长发号施令。比如，学生犯错误，老师批评家长，甚至让家长在班级微信群里当着全班学生做检讨，这种做法不合适。再比如，许多老师习惯通过班级微信群发布通知、布置任务，因为更方便、省时，这里有一点要注意，就是不要让班级群变成老师发号施令、家长违心逢迎之地。

2. 要公正公平，忌依据学生成绩或表现采取差异化态度

有教无类，教师对待每个学生都应公正公平，与家长沟通也应如此。不少老师与家长的沟通主要围绕学生的学业、思想品德、行为习惯等方面的问题展开，这种方式可以采用，但要注意不能因学生表现而对家长有所区别，即对学优生的家长态度好，对潜能生或犯错误学生的家长态度差。这会让家长感觉受到歧视，也会使家长对孩子的表现产生强烈反应，比如有的家长受到老师批评后会迁怒于孩子。这不仅破坏了家校关系，也破坏了亲子关系。

3. 要移情换位，忌强人所难"一刀切"

家校双方移情换位，才能互相理解，进而更好地沟通。老师应平和倾听家长的诉说，冷静接纳家长的建议，积极回应家长的情绪，适时鼓励家长的努力，理解体谅不同家长、家庭的养育压力和困难，在工作中不强人所难，而是根据实际情况提出要求、布置任务。老师可以开展基于本班学生家庭实际情况的研究，及时调整家校合作策略，逐步构建个性化、多元化的家校合作模式。

4. 要保护隐私，忌泄露学生及其家庭信息

在家校沟通过程中，老师要注意保护学生和家长的隐私，尤其在收集、汇总信息时，涉及家庭隐私和重要信息的步骤不应在班级群完成，而要一对一进行。同时，涉及学生或家长隐私的内容也不能在微信朋友圈或工作群进行传播。互联网时代，老师要具备媒介与信息素养，正确使用不同媒介进行家校沟通，即使与同事讨论教育问题，也应适当、及时保护学生和家长的个人信息、家庭隐私，以免给学生和家长带来伤害。

5. 要保持冷静，尊重家长，忌公众场合批评指责

老师要学会管理和控制自己的情绪，努力保持冷静、理性，避免在微信群对家长进行批评指责，以免激化矛盾，破坏家校和谐关系。有些教师一言不合就在班级群斥责家长，甚至将家长移出班级群，这种做法有损教师队伍的整体形象和职业道德，也会在其他家长心中埋下不安、不信任的种子，反而加重了家长对学校教育、教师的不信任。

6. 要正面表达，忌先入为主有成见

老师在与家长沟通时应就事论事，采取正面表达的策略，不要张口就是否定、指责、批评的语句，否则会打破家校双方心平气和解决问题的氛围和目标。在这方面，正面管教理论不仅适用于教师教育学生、家长教育孩子，对家校沟通也有积极作用。

二、班级微信群沟通的要求

1. 信任是前提

信任，主要在可能有误会时起作用。遇到不解的事情，先相信对方的动机是好的，相信当时或许有特殊情况自己不了解。

2. 以诚沟通

有的家长怕老师，这其实是没有必要的。就算为了孩子，也一定要克服对老师的恐惧心理，把老师看成平常人，真诚地交流就好。有时候家长把自己的真实处境、孩子的真实状态和老师沟通了，老师才会更理解。

3. 换位思考

常有家长会嫌弃老师布置的要求太细，对孩子严苛。其实这是老师为了培养孩子好的行为习惯，才有比较多的细致的行为要求。在老师看来，养成好习惯比改掉坏习惯要容易得多，这是很紧迫的事。所以，老师要理解家长的"嫌弃"，耐心适度地说明道理，坚持正确的教育方法，用效果让家长理解。

4. 注意细节

在班级微信群中不点名批评孩子或公布成绩、排名等信息，这只会伤害孩子的自尊心，同时也会让家长感到不舒服。不要每次只发布优等生或表现优异的学生的照片，尽量让所有家长都能看到自己孩子的照片出现在班级群中。不管是成绩好还是成绩差的孩子，都多表扬、少批评，尽可能多地去发现孩子的优点。绝不转发不经考证的信息，千万不要造成家长不必要的担心。如果个别学生有问题，可单独与家长沟通，普遍问题可以在班级微信群中与家长交流。试着在每一条通知后加上"不用回复"几个字或类似的话语，可以避免大量不必要信息的骚扰。做班级群中的引导者，对于一些不适合发在班级群里的内容，要学会婉言提醒。

三、在班级微信群沟通中如何面对不同类型孩子的家长

（一）主动配合型家长的应对

这种类型家长的特点是：家长自身的素质较高，有较强的教育能力，能主动

了解学生的在校情况，反映学生在家的表现；信任老师，能主动与教师共同商讨帮助学生进步的方法；与学校的工作有较高的一致性，积极支持学校的工作，与学校工作配合默契。对这种类型的家长，在相处时要尊重、信任他们，虚心地听取他们的意见和建议，可以用微信一对一私聊等方式与其保持密切联系。

（二）被动配合型家长的应对

这种类型家长的特点是：家长比较严厉，与学生的关系常常是对立的，对学生的教育是被动的；主观上想配合学校的工作，但在客观上常常是帮倒忙；思想上以简单粗暴代替耐心细致，行动上以责骂代替说服教育。这种类型的家长占一个班集体的大多数，教师可以在班级微信群中介绍科学的育人知识和教育方法；解释学校的培养目标以及教师的工作措施；要谦虚谨慎，以耐心细致的作风影响家长，使家长不以内行自居；不要轻视他们的建议或简单地埋怨，要认真听取他们意见中的合理成分；要帮助他们调整对孩子的期望水平，纠正片面的人才观、教育观。

（三）溺爱型家长的应对

对溺爱型家长，可以采用一对一私聊家访的方式，在交谈时采用先扬后抑的技巧：先肯定学生的长处，并对学生的良好表现予以适当的表扬，然后指出学生存在的缺点。要充分尊重学生家长疼爱子女的心理，使对方在心理上能接纳你的意见，同时也要用恳切的语言指出溺爱对孩子成长的危害。耐心热情地帮助家长采取正确的方式来教育子女，启发家长培养学生吃苦耐劳、坚韧不拔的优秀品质，理解"梅花香自苦寒来"的人生哲理。

（四）放任不管型家长的应对

与这种类型的家长要保持积极的联系，尽量采用一对一私聊的方式，逐步在他们心中树立起重视培养学生的意识观念。另外，也可以在班级微信群中鼓励所有家长重视自己孩子的培养，关注孩子德智体美劳的全面发展。寻找学生身上的闪光点，肯定学生的优良品质，使家长认识到孩子的发展前途，激发其对孩子的爱心和期望心理，改变对孩子放任不管的态度，进而积极主动地配合教师做好孩子的教育工作。同时，还要委婉地向家长指出放任自流对孩子的影响，使学生家长明白孩子毕竟是孩子，孩子的成长需要父母源源不断地用爱心浇灌、持之以恒地约束管理，为学生的发展创造一个合适的环境。

（五）失败型家长的应对

对失败型家长要采用一对一私聊的方式，交谈时也应该先找出家长积极善良的一面，如："王先生，我很欣赏您的耐心和毅力。虽然小东犯了几次错误，但您每次都尽快地赶来，从不灰心，小东有您这样的爸爸，真是幸运。"听完第一句话，家长可能有些惊愕，但相信教师接着说的每一个字都会使他更乐意地去听，对自己的孩子也更有信心。与此同时，教师可以与家长做进一步的建设性沟通，从某一角度探讨有关家长亲子沟通的策略等问题。

（六）投诉型家长的应对

教师要尊重投诉型家长，要有开放的胸襟与勇气去容纳不同意见，并积极聆听他们的想法，他们就会以同等的尊重和聆听来回报教师，就会欢迎你善意的、真诚的、坦率的意见。教师在班级微信群中发言时应小心谨慎，不能发表损害学生及家长利益、祖国利益的言论。如果出现被投诉的情况，教师不可以在班级微信群中大发雷霆，应该与投诉的家长进行私聊，态度应谦虚诚恳，反思自己是否的确有错误，如果有则及时纠正错误，无则加勉。教师工作忙碌是众所周知的，所以在互相尊重的气氛中，当教师清楚地说出"对不起，我只可以和你谈十分钟"时，大多数家长都会体谅和配合。也正是由于这些积极敢言的家长的存在，教师多了很多"耳目"，能及时了解班级的隐患与学生的真实情况，有的放矢地开展工作，把突发性事件消灭在萌芽状态。

（七）问题型家长的应对

教师有时会碰到一些本身有问题的家长，暂且将他们称为"问题型家长"。教师不要惧怕问题型家长，要在尊重家长的前提下以理服人，并暗示这类家长理性地认识自己，只有勇敢地看到自己的不足，协助孩子让他们自强不息，才能使孩子有一个美好的未来。对这种类型的家长也最好采用一对一私聊的方式，耐心倾听并在适当的时候对他们提出具体要求，如在孩子面前不讲粗话，把一些孩子不宜看的刊物、光盘、硬盘收好，等等。其实和问题型家长沟通并没有想象中那么困难，只要教师勇敢面对，抓住问题型家长的心理特点，是完全可以与他们沟通的，正所谓"精诚所至，金石为开"。

第四节　班级微信群沟通常见问题及其优化策略

一、班级微信群沟通中常见的问题

（一）沟通内容具有随机性和不准确性

想要实现家校共育的有效性，教师首先要秉持平等的原则，对所有学生一视同仁，这样才能使所有的家长都积极参与到家校共育中。但从实际情况来看，很多教师并没有本着尊重平等的原则，在班级微信群中更多的是表扬一些懂事听话的学生，或是指出一些爱犯错误的学生，对于表现中规中矩的学生却很少提及，致使这些学生的家长易产生被忽视的感觉。

在实施家校共育的背景下，教师和家长理应处于平等地位，但是在班级微信群中，教师往往处于支配地位，主导着微信群中话题的走向以及进展。例如，教师会通过班级微信群发布学校举办的活动和收费项目的明细等内容，但是有时会出现表述不够严谨的现象，容易让家长误解。为了体现班级管理的公平性和公开性，多采用信息公示、公开透明的处理方式，有时会无意之下将学生的个人隐私暴露在全班家长面前。所以，群中信息的公开需要特别加以注意。

（二）沟通形式单一

在班级微信群的信息交流过程中，教师占据着信息输出的主动地位，而家长处于被动接受的次要地位。也就是说，教师将在班级管理过程中发现的学生存在的问题直接发送到微信群中，然后对应的家长接收信息、处理信息和反馈信息。在此过程中，信息一般多由教师向家长输送，而家长向教师反馈的信息仅仅占很小一部分。

教师经常用简短的文字信息将学生的在校表现或具体问题进行转述，而且一般直接告知家长结果。然而，家长非常渴望得到关于学生的全面信息，而不是简简单单的总结性文字。因此，教师在用微信交流信息时选取的承载方式和具体内容等与家长的主观需求存在很大差距，难以满足家长对学生信息的主观需求。

（三）教师管理不够精细

国家网信办新规明确规定，群主应当履行群组管理责任，规范群组网络行为和信息发布，构建文明有序的网络群体空间。中小学的很多教师为了完成学校信息的上传下达，创建班级微信群并担任群主，显然教师理应承担一定的管理班级微信群的责任。但是，有些教师平常在班级微信群里只是发布通知而已，对于群里的事情却不大干涉。

他们有的认为群里的每个家长都是独立的、成熟的个体，不应该受到他们的管理；有些教师则为了避免承担责任，对群里的事情采取不干涉的态度；也有些教师工作繁忙，身心俱疲，难以对群内的乱象采取有效的解决措施，只能放任不管。极个别教师在班群里滥用权利，这种行为需要高度警惕。如河南荥阳的一位教师把没有按照要求填写调查问卷的家长"踢"出班级微信群；杭州萧山的一位教师常在班级微信群里指名道姓地批评学生，不留情面地伤害家长的自尊；广西百色的一位教师在群内强制要求家长购买自己推荐的产品等被媒体曝光过的事件，要坚决杜绝。

（四）家长缺乏规则意识

在班级微信群里，有些家长充分利用微信群带来的便利，经常向教师提出各种诉求，把教师当作 24 小时的"在线客服"来给他们答疑解惑。比如，家长向教师询问孩子在校有没有吃饭、家长请教师在班级微信群告知当天作业、家长请教师提醒孩子记得吃药喝水等。

班级微信群成员复杂，是一个容易发生矛盾和冲突的公共空间。常有一些群员在聊天过程中产生言语冲突，也有一些群员把现实中的矛盾放到班群来处理。一位教师提到，由于班上的几位学生在校发生了矛盾，几位家长在班级微信群里激烈讨论起来，班群气氛一度紧张，直到他停下手头的工作查阅班级群的信息，才发现事态越发严重。此外，班级微信群里还有一类"讨好刷屏型"家长，他们喜欢对教师发出的所有通知都作出回应。有时教师发完信息，哪怕是布置作业，他们也会对教师表示谢意，引得其他人纷纷回应"老师您辛苦了！老师您太棒了！谢谢老师！"家长们你一言我一语的热情回应肆意刷屏，把刚发出的通知甩得远远的，看似一片和谐，实则增加了他们的工作量。一些家长不得不"爬楼"阅读消息，以防止错过重要通知；其他家长担心如果自己不跟着说些客套话，可能会影响教师对自己的认识，从而影响孩子在班级的处境，所以不得不跟风回应。

二、班级微信群沟通问题的成因分析

（一）群员认识存在误区

班级微信群的乱象主要出自教师和家长两个主体，他们扮演着不同的角色，处在不同的立场，看待问题有着不同的认识，有时候出现分歧是不可避免的。但不可否认的是，一些家长和教师在认识上出现了偏颇，未能认清自己在班级微信群的角色、位置以及职责，陷入认识误区，觉得教师和家长彼此是不平等的，甚至有人认为不平等是理所当然的。有个别家长或者教师认为，教师手中掌握着各种资源，比如选拔班干部、安排座位、指定学生参加比赛、选定获奖名单等；教师的批评或表扬能轻易地左右一个学生在班级中的地位，从而影响学生的一生。这使得个别班群成为"权力场"，群内出现了一些怪相。譬如，教师认为自己拥有权力而颐指气使，家长对教师诚惶诚恐、刻意讨好。个别家长自恃是有思想、有文化的人，内心看不起中小学教师，所以有时越位干涉教师事务，和教师展开一场思想或学识上的"较量"。凡此种种，都说明家长和教师在认识上出现了误区。

（二）班级微信群功能定位不清

班级微信群缺少清晰的功能定位，群员之间对班级微信群的用途没有形成共识，在这种情况下，班级微信群很容易随意发展，产生各种乱象。众所周知，家校建立班级微信群是为了学生的教育，为了方便加强家长和教师之间的联系，完成校方信息的上传下达。但很多家长和教师没有把建群的初衷放在心上，班群已然偏离了教育的初衷。现在很多中小学的班级微信群承担了太多的功能，成为家长们的闲聊群、投票点赞群、广告群、问作业群等，班群里无关的信息大量涌现。无效信息太多，既占用人们的查看时间，也阻碍人们接收真正重要的信息，给他人带来困扰，班级微信群的矛盾也由此而起，这种情况其实也在一定程度上阻碍了家校沟通。

（三）群主欠缺管理能力

班级微信群群主的管理能力在很大程度上决定一个班群的风气和格局。管理能力强的群主能给群员们创建一个和谐、有序的公共空间，能够引领群员形成合作的友好关系，但是当下很多中小学的班级微信群由于教师管理不力而产生许多乱象。例如，教师不懂得建立并利用班级微信群的制度；教师未能及时发现群内的不良苗头，及时把握风向；教师未受过相关的职业训练，当班群里出现麻烦时，在思想、言行上的反应是松弛的、碎片化的；教师身为群主，其个人的不正之风也不利于班级微信群的管理。显而易见，教师作为群主，如果欠缺一定的管理能力，不仅不利于营造良好的班群氛围，而且会给班级微信群带来乱象。

三、班级微信群沟通优化策略

（一）明确班群的定位

中小学的班级微信群作为家校合作的窗口，一般主要用作通知、交流，或者兼具通知与交流功能。许多中小学班级微信群的功能并非单一的，它除了充当家校沟通的桥梁，还承载了其他不必要的功能。班级微信群不能等同于普通的微信群，它的功能应该是少而精的；而且，班级微信群应该有着更为重要的教育意义。一方面，如果把班群当作一个通知群，限制家长的分享，只允许教师发布通知，家长和教师没有情感上的交流，这样的班群缺了些人情味，并不能达到家校合作的良好效果。假如班级微信群紧紧围绕学生发展的主题，定时分享一些教育热点、阅读书目、学生安全知识等，这样可以发挥班群的正向功能。另一方面，班级微信群的成员性格各异、爱好不一，虽然有些群员喜欢在群里交流和分享，但是有些群员却习惯简单地发布或者接收通知，并不喜欢过多交流。无论班级微信群承载着怎样的功能，其重要的一个基调是每个人的内容表达都不应该偏离学生的教育，班级微信群用于学生的教育与发展的功能是首要的。当明确了班级微信群的功能后，那些无关的信息、无谓的纷争就会在一定程度上减少。

（二）增强教师和家长的沟通技能

1. 教师层面：组织有效培训，增强微信家校合作意识

微信是时代的产物，是随着网络的发展应运而生的社交平台，它不同于校信通、沁教云等专门针对教育开发的软件。因此，在将微信应用于家校合作的时候是没有现成的使用方案的，只能基于一线教育工作者的实际经验不断完善。因此，教育的一线工作者即班主任和任课教师的参与度和工作态度直接影响基于微信开展的家校合作的效果。所以，一方面，学校要积极开展各项培训，帮助教师端正合作的态度，认识到家校合作对于学生成长的积极作用，注意网络技能的培训，更加要注意一些教师沟通能力的培训，从而提高家校合作的效果；另一方面，鉴于家长的文化程度不一，加上留守儿童由爷爷奶奶或姥姥姥爷带，也会影响基于微信开展的家校合作的效果。因此，学校也要帮助教师对家长在家校合作中微信的使用技能和沟通技巧展开培训，以便家长建立信心，更加主动地参与到家校合作中，使得家校合作中微信的使用更加顺畅。

2. 家长层面：树立信心，改变态度，主动参与

根据共同责任理论，家长和教师必须共同承担教育孩子的责任，只有这样才能使家校间的合作利益最大化。因此，要改变现阶段家长在被动参加家校合作中使用微信的现状，最为重要的就是需要彻底引导家长正确认知参与家校活动的重要性。首先，家长应当正确认识到利用微信来推进家校合作活动的实施对推动学生的身心健康发展能够起到积极的作用。其次，应当引导家长全面认识家庭教育与孩子的身心健康发展存在的关联，教师可以将微信在家校沟通和交流方面所具有的优越性加以合理介绍，定期向家长汇报学生在校情况，从而提升家长对家校合作的关注。同时，鼓励家长主动参与到学生德智体美劳的全面发展中。除了关注学生的成绩以外，注重孩子品格的养成、身心的健康发展，切实地关注孩子的兴趣爱好，不将家长的意志强加给孩子。作为在教育方面更专业的一方，教师也可以利用微信的视频功能定期给家长上课，传授一些家庭教育方面的方法与技巧。

（三）规范班级微信群的使用

1. 按需求建群，更有针对性

现阶段的中小学班级大部分都是一个班级一个微信群，群内有班主任、任课

教师、家长，更有甚者还有众多学生，学校的通知、班级上课视频、学生作业打卡、各科作业、家长的回复、老师的学习指导等信息都在上面发布，很容易出现手机消息达到99+的情况，给群员的日常生活带来困扰，很容易错过重要的信息，任课教师检查学生打卡情况和指导教学也不方便。因此，教师可以采用分流的方式，有针对性地建设班级微信群，可以按不同的学科建立班级群，也可以按照活动主题建立班级群。例如专门的消息通知群、各种文件分享群、家长陪伴阅读群或是育儿经验交流群，等等。教师还可以将具有相同问题或者类似需求的学生家长放到一个单独的群里。比如有些学生比较懒惰，不愿意参加体育活动，身体素质比较差，经常生病，班主任可以为这些学生家长单独建立微信群，每天督促学生在群里进行体育运动打卡，例如每天跑步五圈或是跳绳100次等，从而帮助孩子养成爱运动的习惯。这样的微信群是针对一些问题建立的，能够更加准确地去解决问题。

2. 完善规章制度，净化班级微信群

微信本来是一个社交平台，并非针对教育工作者开发的软件。因此，目前本应该是服务于家校沟通的班级微信群，在缺少制度约束的情况下经常会出现无用信息、微信红包、互相点赞、各种无关链接过多，家长与家长之间甚至是家长和教师之间产生言语冲突等问题。这就提醒我们在建立班级微信群时，班主任与班级的家委会代表就应该制订规章制度，来约束群成员的"言语自由"，当发现新的问题时也要及时更新规章制度。此外，目前的微信班级群主要是由班主任管理，这样不可避免会出现"一言堂"的情况。因此在班级微信群的管理上，还可以邀请家委会成员参与到班级微信群的建设、维护和监督中，只有这样，才能让班级微信群更好地服务于家校间的合作与交流。

3. 丰富内容，创新形式

目前班级微信群一般用来发布通知、布置作业、分享班级情况，此外还可以有针对性地增加家长辅助学生学习的指导、家庭教育内容的分享，引导家长间讨论分享育儿经验，潜移默化地让家长对学生的关注从学习成绩慢慢转移到全面发展上。例如三八妇女节活动，不仅可以通过更加直观真实的图片和短视频抓拍的方式记录和展现学生为妈妈或奶奶做的事情，同时也可以引导孩子体会长辈为自己的付出、学会珍惜等，从而避免活动趋于形式化。就形式的创新而言，教师可以将重要信息以群发的形式通知到每一位家长，家长有疑问也可以通过私聊的对话框直接回复教师或是提出自己的疑虑。这样的方式一方面可以确保每一位家长都能收到信息，另一方面也可以为一些家长提供更好的与老师单独交流的机会。同时，教师还可以采用微信视频家长会的方式，提前通知交流的主题，准时进行微信视频家长会。通过网络的方式来实现"面对面"的交流，可以有效地弥补学校家长会频率低的不足。此外，老师还可以同家长委员会一起定期组织家长线上进行交流，给家长提供线上交流育儿经验的平台。利用微信群定期进行视频直播形式的家庭教育讲座，推送成功家教案例，根据班级学生所在年龄段存在的问题展开指导。当然，教师也可以邀请不同职业的家长通过微信群用视频直播的方式分享他们职业的情况，拓宽孩子们的视野，帮助孩子们树立目标，也让孩子们体会家长的不易。

（四）巧用微信的私聊功能

1. 选择合适的时间与方式，有效进行一对一沟通

传统的家校合作中，家长与教师的单独沟通通常是家长到学校与教师见面，或者是教师与家长约定时间到学生家里进行家访。使用微信时，家长和教师的单独沟通主要是通过一对一私聊进行的。但是根据调查，家长和教师在微信一对一私聊过程中存在的困扰主要有：第一，家长在私聊时间上的选择较随意，不考虑教师工作和休息的时间，对教师的生活造成了一些困扰。第二，教师工作繁忙，有时会忘记回复家长的消息，从而导致家长与教师一对一私聊不畅通。针对上述情况，教师可以与家长约定固定的时间在微信中进行一对一沟通，例如工作日的放学以后到晚上九点之前。第三，家长与教师私聊时语言表达较随意，经常使教师搞不清楚家长要表达什么。针对这样的情况，可以在与家长私聊的时候采用语音或是视频的方式，这样对于一些文化程度不太高、文字语言表达能力不足的家长来说更容易将问题表达清楚。第四，教师在班级群里直接批评家长的行为，针对这样的情况，可以采用单独私聊的方式提醒家长不合适的行为。第五，部分文化程度不高的家长不主动参与家校合作，针对这样的情况，应主动与其进行一对一交流，经常与家长分享学生的在校情况，对其家庭教育进行指导。

2. 使用微信私聊进行家访

在传统的家校合作中，教师要定期进行家访活动，由于学生人数众多，从准备资料到实实在在到学生家里进行家访需要花费教师大量的时间，鉴于老师和家长工作繁忙，很多时候难以约到家访时间，从而导致一学期下来老师实际能进行的家访少之又少。然而，使用微信私聊进行家访，首先在实际运用中具有良好的

灵活性，能够更加高效地拉近教师与家长之间的距离，教师和家长之间可以运用微信直接进行高效的沟通，打破时间和空间给家校沟通造成的障碍。其次，教师在日常情况下也可以运用微信私聊为家长发送学生的相关视频和图片，从而为家长提供对学生各方面情况的更加直观和全面的了解。家长更加直接地参与到学校的教育中来，在遇到教育问题时可以及时向教师寻求帮助，不至于使问题发展到不可收拾的地步才见面解决。最后，教师可以运用微信的视频聊天功能来组织学生与家长共同参与家访活动，这样不仅可以节约时间和空间成本，使教师在有限的时间内进行更多的家访，而且很大程度上可以减少教师的工作量。

第三篇

学校实务篇

第六章
家长委员会的沟通策略

家长委员会是家长、教师和学校之间沟通的重要桥梁，以促进学生健康成长、团体提高为目的，起着重要的营造、协调和谐而活跃的家校氛围的作用。本章就家长委员会的基本内涵、职能、组建方式与当前教师与各级家长委员会的沟通困境及其相应的对策建议进行论述。

第一节　家长委员会概述

一、家长委员会的定义

"家长委员会"亦称"家委会"，《中国中学教学百科全书》将其定义为：学校出面组织家长代表参加的一种群众性的社会团体。《教育大辞典》将家委会定义为：幼儿学校和中小学校学生家长的组织，经选举由学生家长代表组成，各校自行建立。《山东省普通中小学家长委员会设置与管理办法（试行）》（以下简称《山东省办法》）明确规定："中小学家委会是由本校学生家长代表组成，代表全体家长参与学校民主管理，支持和监督学校做好教育工作的群众性自治组织，是学校联系广大学生家长的桥梁和纽带。"

家长委员会可以被定义为：由学校出面组织，以民主选举为原则而产生的群众性自治组织，代表全体家长履行家委会职责。

二、家长委员会的基本层次

按规模和目标划分，家委会一般分为校级家委会、年级家委会和班级家委会，不同层级家委会相互独立、各有任务，又相辅相成，发挥着整体功能，缺一不可。三级家委会在关心和支持班级教育教学工作方面、协助任课教师开展家长教育教学工作方面、加强家长与教师的沟通和联系方面、对教师的工作进行适时的评价与反馈方面，以及协助做好学校的宣传工作、提高学校知名度方面发挥着重要作用，但三级家委会之间也有各自的侧重点。

（一）三级家委会

1. 班级家长委员会

班级家长委员会是家委会的最小单元，是"初级"形态的委员会，是由班级出面组织，以民主选举为原则而产生的群众性自治组织，代表全班家长履行家委会职责。班级家长委员会主要履行以下职责。

（1）关心和支持班级教育、教学工作，为班级进步出谋划策。通过正确的渠道对教师的教育、教学工作进行反馈或提出合理化建议。

（2）组织家长积极参与到班级建设中，定期召开家长会议或家长代表会议研究有关事宜，并作出相应的决定。

（3）负责班级家委会活动的策划、安排，做好家委会活动基本物资的落实，课外活动的场地选取、联系，经费收支管理等。

（4）负责家委会相关信息的收集、整理、宣传，文章撰写等。

2. 年级家长委员会

年级家长委员会是"中级"形态的委员会，是由年级出面组织，以民主选举为原则而产生的群众性自治组织，代表全年级家长履行家委会职责，通常由每班推选若干代表组成。年级家长委员会主要履行以下职责。

（1）关注本年级学生的成长特点，配合学校各级组织开展特色教学及实践展示活动。

（2）对所在年级各班的教学工作、建设情况进行反馈并提出合理化建议，协助校级家委会和各班级家委会展开工作。

3. 校级家长委员会

校级家长委员会是"高级"形态的委员会，是由学校出面组织，以民主选举为原则而产生的群众性自治组织，代表全校家长履行家委会职责，通常由年级家委会推荐若干代表组成。校级家长委员会主要履行以下职责。

（1）关心和扶持学校教育事业发展，支持学校教育教学工作，做好学校宣传工作，扩大学校影响力和知名度。

（2）积极参与学校管理，为学校发展出谋划策，组织家长对全体教师以及学校工作进行监督，并通过有效渠道提出合理化建议，对学校的各项工作进行有效的评价和反馈。

（3）反映广大家长要求，让学校及时了解家长的心声，并积极带领广大家长参加学校组织的各种活动以及家校的活动。

（4）协助学校对家长进行教育培训，不断提高家长自身素质，协助学校开展校外教育工作，为学校的教育活动创造有利条件。

（二）三级家委会之间的内在联系

由班级家长委员会自下而上层层递进到校级委员会，形成了一个家校沟通网络，在民主选举下各级家委会成员来自不同领域和不同层次，能够比较充分地代表大多数家长的心声。其中，班级家委会是基础，年级家委会起承上启下的作用，校级家委会起总的调控作用。

三、建立家长委员会的必要性

案例6-1：不可缺位的家委会[①]

在教育综合改革大背景下，推动家庭、学校、社会三方协同育人，共建家庭教育网络和系统生态，是所有学校面临的重要任务。作为一所百年老校，重庆市广益中学一直重视家校共育工作，在家校社协同、家委会建设、教师共育技能提升等方面都卓有成效，为学生的健康成长提供了全方位保障和多元化资源平台。

为密切学校与家庭的联系，充分发挥家长对学校教育、教学工作的参谋、监督作用，把学校教育与家庭教育有机结合起来，广益中学还成立了家长委员会以及家委会主席团。尽管这是很多学校都会设立的一个"编外部门"，但广益中学的家委会却是像"编内部门"一样，在促进家校共育方面有着诸多亮点。

---

① 张晓宇.重庆市广益中学校：家校社三位一体携手共育同成长 [N].新家长报，2022-03-09（929-930）.

"忙，这是一项认认真真的工作，从班主任到学校领导都非常重视，每个年级有年级家委会，每个班也都有各自的班委会，工作井井有条。"初一年级家委会主席刘先生介绍，学校每学期都会组织一次家长开放日活动，由家委会牵头，家长们走进教室、寝室、食堂、展览馆等，对学校的教育教学工作进行查看监督。每个月家委会还要举行例会，收集、反馈家长们对学校、教师工作的意见、建议，共同把握学校的发展方向、促进教师职业成长。

在家委会的推动下，学校还通过家长课堂、家校沙龙等方式，组织全校各年级、各班家长进行家庭教育经验的交流、学习，共同提高。同时，还组织动员优秀家长，发挥其自身的职业优势，开设有益于学生身心发展、能力提高的校本课程。多年来，广益中学家委会遵循"助推学校发展、争取家长满意、坚持学生受益"的原则，敢于"发声"、理性"发声"，有温度、有交互、共进步，最终取得家校双赢的效果。

（一）促进家校合作的重要平台

拿破仑曾说："推动摇篮的手是推动世界的手。"家庭教育在孩子发展过程中的重要性不言而喻，家校社三者相结合形成教育合力的观点逐渐成为共识，家长参与教育工作和管理的重要性逐渐深入人心。新教育实验的发起人朱永新教授指出：家校合作需要有平台支撑，而家委会就是支撑家庭教育的重要平台之一。一方面，家委会可以发挥家长力量，通过家委会这一渠道弥补学校工作中的不足；另一方面，家委会作为现代学校制度中的重要一环，可以为学生的成长发展营造良好的外部环境，推进家校合作的进一步发展。家委会作为家校社沟通的第三方力量，在学校教育教学的管理和发展中发挥着无可代替的作用，是家长与学校、班级发展密切联系的重要组织。首先，家委会促进家校联系，促进家校双方信息互通。其次，家委会参与学校管理，帮助学校改进工作。可见家委会有助于形成教育合力，推进家校社之间的沟通合作，实现家校共赢。家委会是实现家校共育的重要平台，是家校合作的应有之义。

（二）建立家委会是完善现代学校制度的要求

虽然我国对中小学家委会的探索由来已久，但我国家委会的发展却起步较晚。教育部高度重视家委会的发展建设，通过颁布文件明确了家委会在现代学校制度中的重要地位。2010 年，教育部在《国家中长期教育改革和发展规划纲要（2010—2020 年）》中要求推进现代学校制度建设，完善中小学和幼儿园管理制度，明确指出"建立中小学家长委员会"。此后，在全国教育工作会议上，温家宝总理在《强国必强教，强国先强教》中重点提到：中小学要建立家委会，家委会是不断完善学校科学民主决策和评价机制的重要手段。2012 年，《教育部关于建立中小学幼儿园家委会的指导意见》（以下简称《指导意见》）面世，明确指出要充分认识建立家委会的意义，把家委会作为建设现代学校制度的重要内容。由此可见，家校社共育是我国未来教育改革的必然走向和发展趋势。从国家到地方的一系列政策可见，我国把家校协同育人放在重要地位，国家和地方政府都给予高度重视，统筹各方资源大力推进现代学校制度的建构，支持家委会的组建与运行。

四、家长委员会的特点

家长委员会作为一种特殊的公民自治组织，具有双重特性：依附于学校而又独立于学校，它有着自己的特点，具有群众性、自治性、协商性、合作性、流动性和监督性。

（一）群众性

学校家长委员会不是官方性组织，而是群众性自治组织，其成员来源甚广，不管家长职业是什么、想法何有不同，只要如《指导意见》中要求的具备责任心和奉献精神、有充足的空余时间、具有代表性的教育能力和较高的理解能力等条件，均可经过民主选举成为家委会成员，可见家委会具有良好的群众基础。

（二）自治性

家长委员会具备独立的决策能力与执行能力。如《山东省普通中小学家长委员会设置与管理办法》第二十三条规定："家长委员会于每届家长代表大会开会后三十日内，应将组织章程、选举办法、财务处理办法、组织运作办法、会议记录及会务人员名册等报主管教育行政部门备案。"家长委员会成员在一套自成体系的管理体制下，以家长为主体，针对家长自身和师生进行服务、参与学校管理，是具有一定自治性的。

（三）协商性

家委会的建立最初就是为了方便家长和学校之间的沟通与联系，是连接家长和学校之间的纽带和桥梁。相关文件多次提到家委会要及时与学校交流沟通，向学校反映学生及家长的有关想法和要求，并与学校、教师讨论研究和化解学生遇到的有关困难和问题，听取家长对学校工作的意见和建议，转达学校对家长的希望和要求，促进学校和家庭间的相互理解、支持和帮助，这无不体现了家委会的协商性。

（四）合作性

三级家委会在各司其职的基础上，通过合作才能更好地发挥整体功能，只有与家长合作、与师生合作、与学校合作，才能最大程度发挥家委会的作用。如《山东省普通中小学家长委员会设置与管理办法》指出家长委员会要发挥全体家长的优势和特长，与学校紧密协作，在学校领导和班主任协助下，以班级为单位，每学期组织不少于两次家庭教育讲座活动。家长委员会要与学校共同做好学生思想道德教育工作，协助学校开展教育教学活动、实践活动以及安全和健康教育，这就要求家委会成员要有高度的合作意识。

（五）流动性

家委会的成员必须由在校学生的家长组成，并且其成员可能随时会退出，不是固定的。由于成员的流动性强，家委会的建设难度远远大于学校内部制度建设。因此，家长委员会的建设和研究必须更加强调制度性、文化的传承性、情感的凝聚力、后备队伍的充足，从而克服成员流动性所带来的价值和资源的流失。当然，也正是由于这种流动性，一个好的家长委员会可以成为义工精神和义工能力的"训练营"，成为家长成长的基地。

（六）监督性

《全面推进依法治校实施纲要》明确指出家长委员会承担参与和监督学校管理的职责，《关于进一步加强中小学幼儿园家长委员的通知指导意见》指出家委会不仅具有沟通协商、合作交流的功能，同时还肩负着监督学校教育教学工作开展、学校资源配置及后勤服务保障、学校安全工作实施、学生课业负担等情况的重任。

第二节　家长委员会的职能与组建

一、家长委员会的职能

（一）参与学校管理

家委会参与学校管理主要在于参与和学生或家长有关的事务，其中包括听取学校的工作计划、对与自身有关的事务提出意见和建议、积极配合学校的管理工作、对学校的教育教学活动进行监督和评议、帮助学校改进工作等，具体来说分为以下三个方面。

1. 了解学校工作计划

家委会应选派成员列席学校会议，听取学校工作介绍，了解学校教育教学工作开展、学校资源配置及后勤服务保障等相关情况，帮助学校改进和完善教育教学工作。

2. 参与重要教育决策

家委会代表广大家长与学校讨论学校的重大事项，特别是与学生、家长利益相关的事项。

3. 监督教育教学活动

家委会积极参与民主监督，监督内容覆盖学校的教育教学、安全工作等各个方面，家委会可以提出质询和评议，促进学校改进工作。

（二）参与教育工作

家委会参与教育工作在于充分利用家长的专业优势、资源优势以及自我教育优势，为学校教育教学活动以及校外活动提供资源支持和志愿服务，并在家长中广泛宣传正确的教育理念和方法。家校要形成教育合力，家长的支持和帮助是必不可少的，具体来说可以归纳为以下三个方面。

1. 协助教育教学活动

协助学校开展各种活动，包括安全和健康教育活动、体育竞赛活动以及校外社会实践活动，组织家长自愿提供活动支持和志愿服务。

2. 提供教育资源支持

家委会要带动并利用好全体家长的资源优势和专业优势，在校内校外为学校和学生办实事、办好事，为孩子成长提供良好的外部环境。

3. 协助指导家庭教育

协助指导家庭教育，利用多种途径宣传科学的教育理念，协助学校开展对家长的教育指导，促进家校双方协调一致。

（三）沟通学校与家庭

沟通学校与家庭是家委会最突出和最重要的职责。《指导意见》指出，家委会应向家长转达近期学校将要采取的重要举措和学校对家长的期望，向学校转达家长的意见和建议，促进家校双方相互理解。据此，沟通学校与家庭包括三个方面。

1. 通报学校的重要工作

通过定期召开家长大会保持家长信息渠道的畅通，传达学校的重要举措和对家长的期望，听取家长的意见和建议，促进家校双方互相理解支持。

2. 传达家长意见和建议

家委会经常向家长了解学生在家庭的表现和对学校、教师的看法，与学校和教师一起肯定和表扬学生的进步，并及时向学校反映家长的诉求，与校方讨论教育过程中遇到的难题。

3. 协调解决家校问题

家委会帮助家长理解学校采取的工作制度和措施，协助教师、学校进行家庭教育指导，包括动员家长参与学校活动、家庭教育培训以及家长接待日等。家委会可以以班级为单位，在学校支持下组织家庭教育讲座等相关活动。

二、家长委员会的组建

家委会的组建包括家委会的组建方式和制度建设。组建方式主要指家委会组建初期的成员选择方式以及内部分工，家委会的制度建设指家委会运行过程中的议事机制和管理办法。

（一）家长委员会的组建方式

当下家委会的组建方式多样，主要包括家长自荐、学校协调，家长自荐、民主选举，老师推荐、学校协调三种方式。家委会的组建方式并未统一，受教师和学校的主观性影响较大，各个学校、各个班级家委会的组建大多在遵循民主的原则下，视具体情况而选择适宜的方式。许多有经验的熟手教师及校长提到，选好班级家委会的成员至关重要，尤其是选好家委会会长更是重中之重，这关系到整个家委会未来的发展走向及整个班级的风气。

第一，班主任要把关家委会成员。一年级家委会的组建不能完全放手让家长投票选举，因为家长之间互不了解，通过表面信息的了解进行投票选举实则意义不大，且未来与家委会互动最多的是班主任，因此在人员选择的过程中还需要班主任进行二次把关。

第二，班主任要留心观察。一年级对于教师和家长来说都是陌生的，要选出有利于班级长远发展、真正适合的家委会主要还是需要班主任的留心观察。班主任需要观察哪些家长比较积极主动，哪些家长具有较强的综合能力，了解家长的工作背景以及居住地，考虑家长是否有足够的时间和精力，以及家长是否能够为班级及学生发展服务助力等。

第三，选好家委会领头人至关重要。家委会的领头人需要选择有大局观、有正能量的人来担任，这样才能够保持家委会的生机和活力。因此，班主任在班级建立初期不应过早地确定家委会领头人，而应鼓励所有的家长积极参与班级事务，谨慎选取家委会核心成员。除此之外，研究显示男性家委会成员在参与学校管理的水平上显著高于女性家委会成员，且41～50岁的家委会成员在参与学校管理方面的履职程度显著高于40岁以下的家委会成员。因此，在选举年级及校级家委会成员时，应适当考虑增加男性家长及41～50岁的家长。

（二）家长委员会的制度建设

家委会的制度建设主要包括家委会的议事机制和管理办法，议事机制是家委会所规定的日常商议献策的规定条例，比如定期开会、活动安排等；管理办法则是家委会的换届规定、职责分工等。

1. 家委会的议事机制

家长委员会要实现充分交流必须借助完善的会议制度，构建起"家委会常务委员会议""家长委员会会议""家长代表大会"三级网络工作会议，以此来承载家委会的工作思路、工作措施、工作方法等。完善的规章制度对于家委会规范履职意义重大。普遍来说，校级家委会相较于班级家委会拥有更规范、更系统的参与流程和议事机制，但也很少有成型的规章制度，因此在落实过程中依旧随意性较高。班级家委会在运行管理方面多为约定俗成的，少部分班级家委会在班主任的带领下制定了职务分工和换届办法。如果班级家委会缺乏成文的换届和管理等条例，将导致家委会在履职过程中困难重重。

完善的家委会规章制度应该包括目标宗旨、成员素质要求、活动组织及信息反馈、经费管理以及进出机制。

1）目标宗旨

①提高家长在学校、班级管理中的参与度，支持、监督、促进学校和班级的各项工作。

②加强学校、班级与家长之间的沟通和交流，传递信息、交流经验、促进教学。

③在孩子学好课本知识的同时，带领其参加一些有益的社会实践活动，使孩子的课余生活充实、生动、有益。

④充分发挥广大家长的才能，充分利用资源更好地为班级成长贡献力量。

2）成员素质要求

①各成员要有高度的责任心，服从于家委会宗旨。

②各成员要负责家委会的总体管理，禁止拉帮结派。

③各成员积极响应家委会号召，积极参加各项活动。

3）活动组织及信息反馈

①组织班级活动要提前准备方案，做到最大限度地通知所有家长、孩子。

②家长、孩子参加活动要按照要求报名、填写信息，非特殊情况不要临时取消。

③家委会各成员的重要建议、意见原则上采取逐级反馈制度，首先向本部部长或者副部长反馈，由部长或者副部长向会长反馈。

④可以通过邮件、QQ、微信、短信、面谈、电话等多种形式进行沟通。

⑤针对比较好的建议，由会长负责安排实施。对需要征求意见的建议，由会长通过 QQ 群或者班级博客进行意见征集。

⑥家委会各成员如需在博客发送内容需征得会长同意，由会长、副会长或者宣传部部长予以发布。

4）经费管理

①家委会活动费用原则上每学期收取一次，收取额度原则上与本学期预算费用相当。

②每学期如出现费用结余自动转入下学期，如出现费用不足，根据需要予以补收。

③家委会经费主要用于班级辅助教材、教学用具、活动宣传、实践活动等班级统一事项的支出。如涉及聚餐、小范围活动的，原则上单独缴纳，只有得到全体家长的同意才可以收取与支出。

④采购部在进行采购时应做到货比三家，并且留存购买发票（收据）、网购截图作为报账凭证。

⑤家委会账目建立收支明细表逐笔记录各项支出，财务部、采购部负责按月对账，做到账物相符、账账相符，并且做到每月、每半年进行公示。

5）进入、退出机制

①家委会热烈欢迎广大家长的加入，每个家庭应限制参加人数。

②如要报名参会可与各分部部长、会长联系。

③如涉及部门间人员调整，需经会长同意、部长间沟通后才能调整。

④如有特殊原因需退出家委会，会员可向分部部长申请后退出；各部部长、副部长需经会长同意，与学校相关工作人员或班主任沟通后退出；副会长、会长需与学校相关工作人员或班主任沟通后退出。

2. 家委会的管理办法

1）换届选举

明确家委会成员的条件并进行初步筛选：

①具有较高的思想与文化素质，热心公益事业，了解和热心教育，懂得一定的教育规律，具有认真负责的工作态度，关心学校，能为学校的教育教学和日常管理提出意见和建议。

②关心、支持学校建设，积极参加学校组织的各项活动，经常与学校领导、班主任和任课老师保持联系。

③具有良好的行为表率，正直、无私，有比较丰富的家庭教育经验和较好的教育效果。

④能热心听取家长意见，并向学校教学等各项管理工作提出公正、客观的意见或建议。

⑤能主动为学校事业的发展和改善办学条件提供一定的支持和帮助。

⑥具有一定的业余时间保证参与活动，并具有一定的文化水平和良好的表达能力、组织策划和协调能力。

具体的选举程序如下：

班级、年级家长委员会改选要求：

①本次班级家委会改选换届工作采用家长自荐、班主任推荐和民主选举的方式。

②一至五年级各班推选若干名家长组成班级家委会。

③班级家委会产生后，推荐1～2名成员作为年级家委会常务委员，并作为家长代表参加学校家长代表大会。

校级家委会委员产生办法：

①家长自荐后由家长代表大会投票表决，产生校级家委会5人。家委会成员受聘后召开校级家长委员会会议，确定人员分工。

②在学校进行公示期间，如无异议，新一届校级家委会正式成立。

③家委会成立后，参照学校工作计划，结合实际情况修订家长委员会工作章程，明确家长委员会职责，制订切实可行的家委会工作计划，并认真组织实施。

2）职责分工（表6.1—表6.3）

表 6.1　班级家委会委员分工安排

	分工	职责
班级家委会分工与职责	会长	总体负责组织协调本班家委会的各项工作。 召集家委会委员，精心策划、筹备和组织富有教育意义的活动。
	组织委员	全面组织开展经家委会讨论决定的各项工作，负责组织每次活动参加人员的到位和整个活动过程的开展。 联系热心家长参与配合活动的开展，协助财务委员采购各种学习资料、劳动用具及开展活动的一些用品等。
	宣传委员	负责相关活动的宣传工作，如摄影、图片制作、用图片或者动画记录全班的学习与生活。
	安全委员	关心学生在校生活，定期进校巡查监督校园环境、食堂伙食等，发现问题及时与学校沟通解决。 招募家长志愿者，协助老师管理班级校内外活动的秩序，保证学生安全。 负责孩子外出活动期间的安全和班级活动的事前计划和善后处理工作。
	财务委员	负责班级的财务管理，严格遵循财务管理制度，做到财务公开。 协助会长、班级完成一些临时性事务。 为有效掌控各项支出的管理，每次采购由财务委员负责执行，组织委员协助，如提供交通工具、参考意见、人力援助等。

表 6.2　年级家委会委员分工安排

	分工	职责
年级家委会分工与职责	会长	全面负责年级家委会的全局性统筹工作，密切做好家校联系。 召集年级家委会委员召开会议，制订计划，精心策划、协助学校筹备和组织富有意义的教育活动。
	副会长	协助会长做好年级家委会各项工作和活动的协调组织。 负责年级家委会各项工作和会议的通知，各项活动、决议的起草和传达。 负责和校级家委会、本年级各班级家委会之间的联络工作。负责本年级家长、班级、老师之间的沟通与协调。 需要献计献策或遇有突发事情及时向上一级家委会汇报并沟通。
	组织委员	结合学校的教育情况，负责年级家委会各项活动的策划和组织工作，利用家长的资源策划和组织各项有意义的活动，做好制订计划、预定场地、勘查线路等相关工作。 协助学校策划组织各类年级教育活动，向会长报备。
	宣传委员	负责年级家委会内各项活动的宣传工作，协助活动策划，完成摄影、摄像、后期制作、宣传等工作。 完成年级组长及本年级家委会安排的临时性工作。
	学习委员	负责协助年级组长组织本年级各类家庭教育学习、研讨活动。 协助年级组长、上级家委会做好家长进课堂、家长进社团、校本课程开发工作。
	安全委员	协助组织委员做好年级各项亲子活动的安全保障和服务工作。
	财务委员	负责各项教育活动经费的统筹安排。 负责活动时经费的收缴、财务公开，定期审议开支。

表 6.3　校级家委会委员分工安排

	分工	职责
校级家委会分工与职责	会长	全面负责学校家委会的工作，密切做好家校联系，制订家委会年度工作计划和总结，协同各部门开展、组织好各项家委会活动，分管教育教学管理部门工作。
	副会长	落实家委会的各项工作，协助负责各项活动的策划、安排及实施。 分管其他部门工作。
	培训教育部	负责传递、收集老师、家长所反馈的信息、意见或建议，对班级的教育质量、教学活动等提出建设性意见。 举办形式多样、具有针对性的家长培训活动。

续表

	分工	职责
校级家委会分工与职责	组织部	负责家委会各项活动的策划和组织工作。 负责家委会年会和常委会例会的各项准备工作。 协助学校妥善处理家校矛盾，配合校方举办全校性文体活动。
	宣传部	宣传学校新的教育理念、学校和家长委员会的工作和成果。 宣传班级好人好事，好的学习、教育方式等。 宣传全校优秀班级活动、班级动态，协助完成班级活动的策划、摄影、摄像、影音制作。
	后勤保障部	负责各项活动的后勤服务保障工作。 负责家委会的经费计划、收支管理工作，定期公布账目、解释经费支出情况。
	志愿者管理部	负责家长义工（志愿者）的组织及管理工作。 负责"家长进课堂"活动的联络及相关事宜。

三、教师与家长委员会的沟通困境

家长委员会是促进家校合作的重要阵地，家校沟通已经成为新时代教育改革的重要主题，教师是联系家长与学校的重要桥梁。作为家委会的两大沟通主体，教师与家长的言语沟通是最常用、最基本的交流互动方式，教师、家长的言语沟通能力直接影响着家校关系的建构和家校合作的质量，教师应该以言语沟通为武器，在提升家委会成员的教育素养、调动家委会主动性、促进家委会功能的充分发挥方面发挥关键作用。而当前两者之间的沟通现状并不乐观，信息交流不充分、对家委会的指导不足导致家委会履职情况不太理想，面临以下困境。

（一）困境一：教育教学提案缺乏深度

大多数家委会成员参与学校决策时难以给出具有深度的意见。家委会成员参与学校管理，应当基于家委会成员对学校和班级的基本情况有一定程度的了解后，再对学校及班级的事务提出意见和建议。不少家委会成员对学校和班级的管理及运行工作只知一二，对学校所采取的决策只知其然而不知其所以然，这样便难以对学校的发展提出真正有建设性的意见，家校间的互动仍旧停留于了解学校工作计划的层面，难以到达帮助学校改进工作的层面。

除此之外，关于学校的教育教学及其他工作的提议对家委会成员的专业性也具有一定的挑战。由于不少家委会成员并非从事与教育相关的工作，难免有家委会成员提出的意见和建议仅仅出于自身考虑，缺乏整体思想和教育理念，对于学校的发展并无可操作性，未能达到理想效果。面对教学等专业领域，还有不少家委会成员认为自己缺乏专业性而不自信，导致家委会成员在这一方面的参与出现缺位现象。

（二）困境二：落实监督职责成效欠佳

在家委会履职过程中，家委会成员作为家长代表履行家长对学校的监督职责时始终处于进退两难的尴尬境地。一方面，多元评价体系的建立需要家委会等社会群体对教育教学进行监督和评价；另一方面，大多家委会成员碍于情面，缺少时间和参与自信，因此家委会对学校的监督职责难以真正落实。

家委会对学校及班级的监督内容边缘化，大多集中在食品、卫生和安全等方面：第一，监督学校食堂，这是家委会的监督职责落实得最到位的方面。校级家委会对食堂的监督形式包括学校邀请、随机上门抽查和常务要求。第二，参加家长开放日。家长开放日面向所有家长开放，不仅仅针对家委会成员。部分家长进入学校后虽然进班听了课，但缺少课后对课堂的评价和建议，进班听课的家长大多关心自家或班级孩子的状态，没有从监督评议的角度出发。第三，填写期末评价问卷。学校会在学期期末给每位家长发放电子问卷，回收家长对教师的评价和意见。部分家长缺乏对学校教育教学、教育管理等方面的监督和评议。家委会对学校及班级各项事务的监督具有较强的局限性，对学校及班级的监督频率不确定，家委会的实际监督效果欠佳。

（三）困境三：配合教育资源开发有限

当下家长所持有的可利用资源在学校中的开发和利用仍然不足，家长资源的支持局限于少部分家委会成员，大量丰富的可动员的学生家长资源并未得到充分的开发。

家委会为学校提供的资源支持有限。当下家委会为学校学生所提供的外部资源多为人力资源，为学校的活动开展及学生的发展所提供的社会资源少之又少，且多局限于少数校级家委会成员之中。积极动员全体家长参与与支持学校开展教育活动是应该的，家长自愿的原则也是应该坚持的。另一方面，家委会调动的其他家长资源有限。家校合作并非只是家委会和学校的合作，每一位家长都应是家校合作的受益者和支持者。家委会应主动团结其他家长的力量，发动广大家长的社会资源，为学校和学生发展创造更加良好的校内校外环境。然而现实情况却是事与愿违，仅仅依靠学校和少数家长的资源支持十分有限，大量本可为学生开发和利用的社会资源被浪费。

（四）困境四：协助家庭教育指导不足

家委会作为指导家庭教育的途径之一，其得天独厚的资源优势和角色定位有益于家长之间进行自我教育、互相帮助。但在现实中，家长们普遍认为家委会最重要的职责便是为班级提供志愿服务以及和班主任沟通交流，忽视了家委会在协助家庭教育中的重要地位，并且教师也很少通过家委会对其他家长进行家庭教育指导。

家委会偶尔或是很少履行指导家庭教育的职责，还有大部分家委会成员并没有认识到自己协助家庭教育的职责，也不能辨别自己的行为是否属于家庭教育指导。由此可见，家委会在协助家庭教育的道路上依旧困难重重，不少家委会成员并未有意识地去交流宣传正确的教育理念和科学的教育方法。同时也有家委会成员缺乏自信心与能力，不知道自己如何去协助家庭教育，因而在加强家庭教育指导的过程中缺失了家委会的身影。

（五）困境五：与家长的沟通交流较少

国内将家委会定位于沟通家庭和学校的桥梁，然而在实际的运作过程中，家委会之间多为线上的沟通交流，且多数家委会只在有任务下达的情况下才互相联系，其内部没有过多的交流与沟通。班级家委会之间缺乏沟通与交流，校级家委之间更是如此。由于校级家委会成员的孩子处于不同年级和班级，彼此之间的共同话语更少，一般在学校有活动或者需要的时候沟通联系。

家委会与其他家长的沟通交流也较少。许多家委会成员在沟通和交流方面与其他家长无异，并未出现因为自己的身份主动搜集家长意见等倾向。同时，家长向学校反映意见的途径仍然偏向传统的方式，少有家长会主动通过家委会这一渠道进行反馈，因而被寄予厚望的家委会在这方面并没有显示出多大优势。家委会与其他家长交流不足，难以向学校教师反馈真实的家长心声，家长的资源利用率也大大下降。

（六）困境六：家委会成员欠缺主动性

家委会旨在搭建学校与家长之间的沟通桥梁，这座沟通桥梁承载的是学校与家庭之间的双向沟通，包括家委会向家长宣传学校最近的关键工作和重大举措，传达学校对家长的期望和要求，家委会向学校转达家长的意见和诉求，保持家校信息共通，家校共育同步。当下，这座本是双向沟通的桥梁却沦落为以单向沟通为主，即多为教师向家委会成员传达信息，却少见家委会成员主动向教师反映意见。

家校双方的单向沟通主要表现为三方面：其一，不少教师和家委会成员反映，许多家委会中普遍存在缺乏积极主动性的情况。随着孩子年级升高，家委会成员们的热情逐渐褪去，不少家委会成员难以同时面临自身的工作压力、自家孩子的成长压力以及家委会的工作压力，加之家委会工作本就是无回报的志愿服务，这便让身兼数职的家委会成员们难以保持积极与热情。其二，由于家委会的内部沟通不足，因此家委会在面对学校及教师时便无话可说、无言可谏，只有其他家长主动寻求家委会帮助时，家委会成员才会主动与老师交流。其三，家委会成员在与学校及教师沟通时依然心存顾虑，担心自己的意见会招致老师对自己的不满，因此大多数家委会成员谨言慎行。家委会成员们的不主动使家校沟通效果大打折扣，沟通形式以单向沟通为主。

第三节　家长委员会多方沟通策略

家校沟通是家校合作的基础，教师与家委会成员进行沟通时要牢牢把握住各级家委会的现存问题，从问题出发思考沟通方式，提出有效的沟通策略，才能真正做到对症下药，通过高效沟通解决现存难点，帮助家委会突破发展困境，促进家校深度合作。具体来说，教师可以参考以下三种沟通策略。

一、持续开发家委会的功能

（一）转变意识，有效提升家长委员会的规范化管理水平

随着社会的发展以及教育的进步，人们越来越认识到家校协同育人的重要性。苏联著名教育学家苏霍姆林斯基曾把儿童比作一块大理石，他认为把这块大理石塑造成一座雕像需要六位雕塑家：家庭、学校、儿童所在的集体、儿童本人、书籍、偶然出现的因素。由此可见，家校协同对孩子的影响基本上是起决定性作用的，是一切教育的基础。家委会是教师开展家庭教育指导的重要阵地，但现实情境中，许多教师和家长形成了思维定式，家委会功能出现了固着化倾向，其规范化水平还相对较低。所以学校、班主任应该巧用多种沟通方式，在教委行政管理部门的领导，学校、班主任的直接推动下改变这一现象。

（1）完善各级家委会组织机构的建立，不仅要注意基本环境条件的创建，更重要的是重视家委会成员的任命、赋能、培训以及激励机制、运行机制等队伍建设。持续推进家委会管理、领导水平的提升。

（2）注意线上网络资源的利用，线上线下结合，建立专门为家长服务的工作平台。

（3）定期对家委会成员进行教育知识、工作能力的培训，分享传播专业化的家庭教育理念及知识，提高他们的教育指导与工作水平。

总之，要通过提升家委会的专业性，增强家委会成员及骨干家长的参与意识和积极工作的态度，提升家委会的工作效能，发挥家委会协助学校教育、协调家校关系的独特作用。

（二）强化监督权，做好其他家长的代言人

家委会的履职效果局限于大家对家委会职责的理解，而对家委会职责宣传力度的不足便是其根本原因。部分家委会成员认为自己并不具备参与学校管理、为学校建言献策以及全面监督学校的权力与条件，导致家委会因理解差异而造成的履职缺位，特别是监督权的边缘化问题较为凸显。而实际上，从家委会的法律身份看，参与权与监督权是其运行的基础性权利，除了对学校食品、卫生和安全进行监督外，家委会更应该加强对学校教育教学、教育管理方面的监督，完善并深

化监督权。与各级家委会密切联系的教师可以从加强宣传入手，让家长充分认识到家委会的职责，从而保障家委会的权益。

（1）相关教师要在三级家委会中宣传家委会所具有的责任和义务，突出家委会的重要性。

（2）对家委会的具体职责进行解释说明，避免家长断章取义，从字面意思对其职责进行理解，从而避免家委会因理解差异造成履职缺位。让其他家长对家委会所应履行的职责保持认同，为家委会今后的履职过程扫清障碍。

（3）指导各级家委会将职责细分到人，做到分工明确、各司其职，以此有效提升家委会成员履职的存在感，确保职责落实到位。

（4）教师可以加强对家委会工作情况的关注和指导，保障家校合作与沟通交流正常运行。

总之，在进行宣传时要关注家长的态度，尊重家长，在进行指导和沟通时应该注重基本的礼仪，倾听他们的想法，增强他们的沟通意愿。通过以上措施解决家委会建设存在的单向输入问题，让家长真正参与到学校治理中去，使参与权和监督权有效发挥。

二、推进家委会专业化的发展

（一）加强指导，提升教育素养

许多家长在提出教育提案时都会显得专业性不足，即使是能力比较突出的优秀家长，也可能因为表达能力欠缺、专业性受限导致沟通效果不理想。教师是学校的代言人和家委会的引路人，对于优秀家长应该加强指导，使之充分发挥"导生"的作用，对其他家长起到实质性的影响。与社区加强协作，加强管理和支持力度，开展培训活动，全面提升家长们参与学校决策的信心和能力。

对部分优秀家长进行旨在提高沟通能力、丰富沟通技巧、提升语言专业性的培训，能使之将学校的理念、计划等准确传达给其他家长。教师应创造机会和平台，协助各级家委会让优秀家长走上讲台分享教育经验及教育心得，培养家长的集体意识。

对所有家长进行指导，在指导前明确沟通目的和内容，使双方有机会对学生的真实状态、家长诉求、学校计划、教师期望等信息进行深入交流。利用线上平台定期与其他家长交流科学育儿经验，以微课的形式分享典型案例，讲述最美家教故事等。

总之，教师可以从优秀家长和其他家长两个主体出发针对性地采取措施，发挥好优秀家委会成员的重要作用，全面提升家长们的教育素养，弥补其相关权利的缺失以及提升其参与学校事务的能力。

（二）发现和培养优秀家长人才

解决家庭教育人才服务尚有不足的局面是完善家委会指导服务体系的关键举措。加强人才队伍建设离不开家委会成员的支持，发现和培养优秀家长人才便是增强专业性的题中之义。教师要引导家委会发挥其自我教育优势，在家长中交流宣传正确的教育理念和科学的教育方法，借助家委会这个平台广泛发现和培养榜样家长。

各级家委会在进行选举时，教师要协助把好关，通过口头交流以及其他方式了解候选人的综合素质，保障家委会成员的质量。加强对家委会及其他家长的了解，引导家委会发现和培养优秀家长代表，帮助优秀家长及家委会总结成功经验。请家长轮流、定期到学校随班听课、参与讲座，尽力确保每一位家长都有机会深入了解学校，与学校建立联系。

总之，教师应考虑学生家长群体的特性，合理安排班级家委会成员的组成，既要考虑有充足时间参与家校活动的家长，也要考虑能够调动班级家长资源、为班级服务的家长，扬长避短，优势互补，激发家委会各种人才的工作活力。

三、提升家委会成员沟通的主动性

（一）搭建沟通平台，提升交流频率与效率

新媒体支持下的家校合作，方式的重要性逐渐凸显。新媒体早已渗透在我们日常生活中的方方面面，作为"互联网＋"背景下的家校沟通，教师在日常与家委会成员、普通家长交流时，需要依托网络媒介，创新家委会的沟通渠道和交流方式。

1. 线上

协助学校建立专门的家委会内部交流沟通群，包括校级家委会、年级家委会

和班级家委会的内部沟通群，方便家委们沟通。家委会的内部交流群由教师及班主任牵头组织并负责群内的日常维护，保证交流群的和谐、正常运行。

举办线上交流活动，搭建起家校沟通的新桥梁，提高家委会沟通交流的频率和效率。

2.线下

定期召开家委会会议，用于传递本学期的工作安排，总结本学期学校工作的总体情况及问题，共同商讨事项的处理方式，邀请家委会成员们建言献策、监督评议，同时明确家委会成员们的职责，对其进行方法上的指导。

开展多种线下活动，为家委会成员、其他家长、教师之间的沟通与交流创造天然的机会和平台。

总之，教师首先应该敦促学校设立家校沟通时间，保障教师每周或每月在定期的家长沟通时间通过线上线下的方式与家长保持联系。再次，教师与家长应在沟通前明确沟通目的和内容，使双方有机会交流学生的真实状态、家长诉求、学校计划、教师期望等信息。最后，进一步实施学校信息公开制度，通过学校网站、微信群、QQ群等向家长公开各班级的教育教学情况，不仅让家长能够在更全面的信息环境中了解子女的学校生活，还能提升家委会成员间、家委会成员与其他家长间的沟通频率和效率。

（二）完善表彰机制，调动家委会成员的工作热情

虽然部分学校已有对优秀家长的评价制度，但是对优秀家委会成员及家长的表彰制度还有待细化。可以加强对各年级、各班级优秀家长、优秀家委会成员的表彰，以实质性的奖励作为他们的回报。一方面，可以增强家长的仪式感，肯定家委会成员的价值；另一方面，可以引导其他孩子向上向善的心，以为班级服务为荣，培养孩子的集体荣誉感，最终在家长群体中形成良好的教育风尚，调动家长及家委会成员的积极性。具体来说，教师可以这样做。

（1）在家委会成员参与学校的各项活动时，教师可以制作相应的邀请函，正式邀请家长及家委会成员参加，体现对他们的重视。

（2）教师可以协助各级家委会进行"模范家长""模范家委""模范家庭"等称号的评比，通过奖状等书面的形式对家委会成员的付出表示肯定和激励。

（3）教师可以协助各级家委会表彰做出贡献的家委会成员及家长，用口头语言的形式对提供服务的家长进行表扬，对有所付出的家长进行肯定和感谢。

（4）教师可以组织亲子活动为家委会成员及其他家长创造更多了解自己孩子的机会，满足家委会成员的合理期望，从而对家委会成员履职产生激励作用。

总之，教师可以了解家长的期望，为家委会成员们开拓广泛的渠道进入学校学习与教育相关的知识，并利用多元化的鼓励形式激励和增强家委会成员及家长的信心。

第七章
学校微信公众号的沟通策略

学校微信公众号是学校向家长传递学校信息的重要窗口，如今，越来越多的学校已经建立了微信公众号，一是可以将其作为学校的展示平台，二是它也能成为家校沟通的一种重要方式。本章主要围绕学校微信公众号在家校沟通中的功能与优势、建设要求、进行家校沟通的原则与方法等进行阐述，期待有助于提升学校微信公众号的影响力和效能。

第一节　学校微信公众号在家校沟通中的功能与优势

一、学校微信公众号在家校沟通中的功能

（一）学校的宣传功能

学校微信公众号的一个重要功能就是向大众展示学校的整体概况与发展态势。学校微信公众号的推文可以将学校发生的各种事情及时准确地传递给家长和社会人士，展示学校自身的教育理念与教育特色，对学校起到一个很好的宣传作用。微信公众号对学校的宣传功能主要体现在以下两个方面。

首先，展示学校的基本概况和教育理念。学校建立微信公众号是向大众展示学校的独有风采，因此学校会在微信公众号设置一些栏目介绍自己的学校，如建设历史、办学理念、行政机构、工作动态等，方便让家长对学校有基本的了解。在信息高速发展的时代，人们不再像以往一样单纯地依赖线下的交流沟通方式或者电话沟通，利用网络的形式掌握更多的信息是更多家长的选择。

其次，展示学校的教育资源和师资力量。学校是孩子成长发展、养成良好习惯的关键场所，因此对于家长来说，了解孩子学校的教育资源和师资力量是非常重要的。教育资源包括学校的硬软件设施等方面，学校在微信公众号中展示开展的各项活动可以说明学校重视学生的多方面发展，也能体现学校师资力量的强大。学校微信公众号还会对自己学校所取得的各种荣誉、教师的获奖情况进行展示，这种文章的推送就是在向大众展示自己学校的风采，让更多的家长了解学校取得的成就。

（二）家长的导向功能

学生在学校时，教师对学生的教育起主导作用；学生回家后，家长对学生起着重要的教育作用。教育是一件非常严谨的事情，对于孩子的教育任何时候都不能马虎，学生需要教师和家长共同的正确引导。绝大多数家长欠缺教育知识、方法，在当下这个网络发达的时代，家长可以在网上找到各种各样的教育方法的介绍，但是网络上展示的教育方法良莠不齐，家长难以对内容的质量进行辨析。学校开通微信公众号便可以分享科学正确的教育方法，家长可以在闲暇时间学习，这利于促进家长及时更新自己的育儿观，使自己成为更加智慧的家长。

每个家庭都有着不同的、具体的教育问题与困惑，需要做到因材施教。对此，学校微信公众号虽然无法做到一对一的解答，但是可以介绍科学的教育观和教育理念，选择有启发意义的典型案例进行分享，帮助家长树立正确的教育理念，不盲目地照搬某一个具体方法。引导家长把教育理念转化为教育实践，探索有效的教育方法，切实促进学生成长。

（三）家校双方的互动交流功能

新的时代背景之下，家校双方需要一种新的方式促进家校互动，而微信公众号传递的信息内容并不是单向的，而是一种双向互动的关系，家长获得信息后可以通过微信公众号的留言互动功能把反馈传递给学校，从而形成良好的互动效应。

学校微信公众号的互动功能实际上就是家长参与家校建设的过程，利用微信公众号的形式可以激发家长参与学校事务的积极性，使得学校微信公众号成为家校之间一个互动、交流的平台。协同教育理论也提到，对于学生的成长，只有家长和学校的双方参与、共同建设才能促进两者的共同发展。[①] 在学校微信公众号中，家长和教师处于一个平等对话的平台之中，家长有问题可以直接在留言区留言。微信公众号的内容不限于学校发布的新闻和教育活动，家长们优秀的教育方法和教育理念也可以在微信公众号中发布分享。同时，那些不便于与班主任、任课教师直接说明的问题也可以通过匿名的形式表达出来并进行互动，这样可以使学校、教师的反思具有针对性。

二、学校利用微信公众号进行家校合作的优势

（一）学校信息的传播更加深入与完整

家长会、家访或家长讲座是传统的家校沟通方式，更多地依赖于现场沟通。但现在家长和教师的时间都是比较紧张的，只局限于单一空间的交流不能完全满足家校之间的交流需要，线上交流的方式更加受到家长和教师的青睐。而对于学校微信公众号来说，关注的人数越多，学校传播的信息则更加广泛。

学校微信公众号作为官方的交流通道，首先，一般情况下是一对多的交流，特殊情况下可以进行一对一的补充回复。其次，微信公众号发布的内容都是经过学校管理者层层筛选、精心编辑才得以发布的，严格的审核制度可以确保学校微信公众号发布内容的准确性。最后，一经微信公众号发布的内容都是在微信公众号中永久保存的，只要想查找相关的内容可以随时找到，不会丢失。

（二）家长获取学校信息的重要途径

随着互联网的高速发展，在互联网移动端使用微信公众号的人数越来越多，2019 年微信的月活用户已经达到 11.64 亿，微信公众号超 2000 万。现今大部分学校都已经利用学校的名义建立了微信公众号，微信公众号中包含的学校信息也越来越丰富，涉及学校各个方面以及学生的日常生活，其中对于学校以及特色活动的介绍是重点，是家长获取学校信息、知识的重要渠道。

新媒体时代，大众越来越依赖使用信息技术自主获取相关信息，许多学校都

[①] 林秀芳.统放有度，协同教育——家校共育的实践探索 [J]. 现代中小学教育，2018，34（01）：72-74.

非常重视微信公众号的建设，从新闻的提取到文章发布的整个过程都建立了比较完善的体系，推送的内容质量有显著提升。学校微信公众号中多元化的内容推送，不仅满足了家长的需求，也得到了家长的持续关注，让家长有持续使用的意愿，微信公众号也成为提供良好的教育信息的重要平台。

（三）有效增强家校合作的效果

近几年来，大部分学校都开通了微信公众号，将其作为宣传学校教育的重要载体。基于微信公众号受众广泛的特点，利用微信公众号进行家校沟通已经日渐成为一种大趋势。发挥网络化和数字化的优势，利用移动数据和人工智能等技术手段，建设家校协同的信息化网络平台，能够保障家校协同教育成为常态。

现在学生家长的信息素养越来越高，他们学习、使用信息技术的速度变快，应用知识的能力变强。学校利用微信公众号的开放平台，可以与家长共享优质的教育资源，向家长提供正确的教育教学方法或者优质视频课让家长学习。视频等资料均可以长期保存，家长可以灵活选择观看时间，有效提升信息交流与沟通的条件，助力家校合力施教的效果。

第二节 学校微信公众号的建设要求

一、明确学校微信公众号的定位

（一）推送内容定位准确

学校微信公众号不具有盈利性，功能定位主要在学校管理、品牌传播、家校沟通、教学辅助等方面。因此学校微信公众号建设者需要明确平台的功能定位，合理利用，恰当使用，实现学校信息化平台价值的最大化。学校官方微信公众号具备权威性和代表性，家长是平台的核心受众。因此，在信息发布时对内容要有所取舍，注意多推送满足多数家长需求的内容。家长希望看到的是学生日常的学习、生活，与教育相关的知识，以及与自身利益切实相关的各类信息公告。学校微信公众号不应过多发布针对学校教职工的内部事务性信息，可以另开设学校内部的公众号或者在官网开辟专栏进行发布，以免弱化学校官微的定位及其应有的效能。

（二）栏目与功能设置合理

学校微信公众号应该依据定位设置各个栏目，在栏目下发布相关的内容。除了注意选择学校的重大信息如学校教师取得的成绩、调研活动、学科建设等内容进行发布之外，还应特别注意，为了促进家校沟通需要推送家长、学生需要的、感兴趣的栏目内容。可以选择家长提供的素材进行推送，可以展示学生在家长的陪伴下进行的活动，以及家长在留言区的留言与回复情况等，为深度的家校合作提供良好的对话平台，充分实现学校微信公众号促进家校沟通的多元功能。

二、专业的运营团队和人员配置

（一）做好团队的分工安排

学校微信公众号的运营是一个长期的、专业的工作，需要运营人员在运营的过程中花费大量的时间与精力，如果仅仅依靠学校教师在教学工作之余的时间进行管理是不行的，因此做好运营人员的分工与规划至关重要。

微信公众号的整个运营过程需要专门的技术人员，包括前期的统筹与规划，后期的编辑与管理。在前期收集信息以及撰稿的时候，编写人员要有一定的采编能力以及文笔，可以安排学校的语文教师或者文笔功力较深厚的教师担任。撰稿组要由部门负责人、班主任、任课教师、学生、家长等多方人员组成，负责微信公众号排版以及后期管理的人员可以由学校的宣传人员组成。为了保证微信公众号的持续性运营，主要操作人员要接受一定的培训，应该在设计层面具有创意，熟练应用信息技术软件包括 PS、Flash 等，实现内容的精美排版，推送形式应多样化，尽量满足家长的需求。学校微信公众号的运作人员、设计人员、后台管理人员应该有充足的时间开发微信公众号的各种功能，及时回复后台家长的留言，收集意见向学校反馈，保证运营的顺利进行。这一部分的工作量大，因此学校可以多培训相关的人员参与其中，多名人员轮流工作，人员充足的情况下也利于减轻学校设计部门和管理部门主要负责人的压力。在学校没有专职人员的情况下，要明确分管责任人，实行专岗专人，利用网络手段构建人员的交流通道，使学校发布信息的过程更加专业化、流程化。只有建立专门的运营团队而且在人员充足的情况下，才能减轻教师的压力，让教师有更多的时间与精力投入教学，形成良性循环。

（二）建立严密的运营审核流程

学校发布的内容在很大程度上会对社会产生一定的影响，因此一定要建立严密的流程审核发布的内容，避免出现错误内容，使内容符合国家的法律法规，降低文字错误率。建立严密的运营审核流程需要学校微信公众号的管理人员层层把关，把负责的内容具体到每一个部门，严格管理学校的微信公众号内容，避免出现后台管理混乱的问题。

案例7-1：重庆市 D 学校微信公众号的发布流程

第一步，内容策划部门决定发表的文章内容。内容策划部门分为七个子部门，其划分主要依据学校栏目菜单的设置，德育工作的策划由 A 教师负责，教务工作由 B 教师负责，学校体育工作的策划、学生心理工作的策划、党建工作的策划都有专门的教师负责，学校防疫安全、校服等事务由 X 校长直接负责。七个主管部门的教师正是学校相关部门的主任，因此在内容策划方面有一定的针对性。

第二步，内容策划部门确定要推送什么内容的文章后，告知学校文稿组的组长 L 教师。D 学校文稿组由学校的年轻教师组成，有一定的写作功底。L 教师负责安排文稿由谁来撰写，文稿撰写完成之后先由 L 教师审核，再由内容策划负责人审核。

第三步，文稿编辑成功之后，交由美术教师 D 负责的美编组进行美化，对图文布局、文本布局、内容和图像布局进行设计，使微信公众号的内容更加丰富多彩，吸引读者眼球，完成之后交由内容策划负责人审核。学校美编组还有一个职责就是提供素材、美化照片，大型活动的照片都是由美术组拍摄的。

第四步，审核人员通过之后，由微信公众号管理人员计算机教师 E 对文章进行发布，并收集后台家长的反馈建议，将反馈意见及时反馈给学校的内容策划人员，整改出现的问题，满足用户的需要。

——来自课题组的案例调查资料

可见，D 学校微信公众号的整个运行过程环环相扣，多次的审核过程使内容更加严谨，避免出现错误。这样也能使内容及时发布，避免出现撤回文章的麻烦。在最后的反馈过程中，又促进了微信公众号内容质量的提高以及家校合作的进一步发展。

三、推送优质教育内容

（一）做好内容的规划

国家网信办于 2021 年发布《互联网用户公众账号信息服务管理规定》，鼓励各级组织机构注册运营公众账号，发布高质量的信息，加强对内容导向性、真实性、合法性的把关，以优质信息内容吸引公众关注订阅和互动分享[①]。因此在内容建设方面，学校微信公众号的内容一定要做到合理合法，追求生产高质量的推文。对发布内容进行明确规划可以为平时推送的信息提供框架和依据，是学校微信公众号建设的重要方面。

学校微信公众号的建设过程一定要结合受众群体的需要，选择家长们关注的热点、难点、痛点组织内容进行推送，这是学校微信公众号吸引家长的法宝。所以，在推送的过程中一定要了解家长的需求，如家长希望了解自己孩子的学校开展什么样的活动、孩子学习到什么样的知识、学校的基本情况等内容，因此学校要有针对性地、有保障地定量推送这方面的内容。

有学校特色或特定主题的规划，可以帮助家长形成对学校整体的认知和判断。在学校微信公众号建设之初就应该明确建设目标，围绕目标开发功能、设置多样的栏目并及时对内容和功能进行维护，建立长效运行的内容板块，实现内容的丰富多彩，形成良性循环。学校不断进行完善与改进，会使得更多的家长喜欢阅读学校微信公众号，赢得家长、同行及社会各界的关注。此外，学校微信公众号在内容规划方面还要体现时代特点，注重现实针对性与真实性，反映学生在学校的活动内容，吸引家长真正持续的阅读，起到应有的教育效果。

---

① 国家网信办. 互联网用户公众账号信息服务管理规定 [EB/OL]. http: //www.gov.cn.

（二）保证内容质量

学校微信公众号的推送内容是衡量平台质量的重要指标，优质的推送内容是保障平台传播力度的关键，反之，乏味、同质化的内容是受众取消关注的原因所在，提升内容质量是学校微信公众号不可忽视的任务。学校微信公众号的大部分内容都是原创性内容，保证原创性内容的质量是至关重要的。一篇完整的推文内容是由学校撰稿组人员依据学校开展的活动进行撰稿、配图、加视频，形成文稿然后再发表的，应体现出学校的个性与不同的文风。

除了原创内容，学校微信公众号也会转载内容，转载内容主要集中于国家政策要求以及时事新闻，时事政策的转载也利于家长和教师了解国家最新的教育要求。微信公众号中不是原创的内容，要在文章之前进行说明，大多非原创性的文章都是教育政策、教育文件等国家发布的权威内容，科学的教育方法的介绍，这些内容的质量需要得到保证，以利于家长和教师学习，促进教育水平的提高。

具有高质量文章的学校微信公众号才能保证受众的稳定性，满足家长的阅读需求，家长的阅读兴趣才会保持。所以，需要学校加大对微信公众号的重视程度，从内容选择到内容发布都需要保证质量，增加家长感兴趣的内容，提高内容与家长、学生、教师的黏性，从而促进家校信息传递及沟通。

第三节　运用学校微信公众号进行家校沟通的原则

一、简单化原则

（一）使用操作简单

学校微信公众号作为学校主要的宣传窗口，复杂的操作程序一方面会加大学校工作的难度，另一方面也会让受众不愿意使用。因此操作简单、分类明确的微信公众号会让受众有继续使用的意愿。学校微信公众号的受众群体比较集中，主要是家长、教师、学生三类群体。现在随着各种各样微信公众号的出现，大批量的信息出现在人们的视野之中，设计简单的操作界面容易受到受众的喜欢，受众不用费力就能得到自己想要的内容，这样也能方便不熟悉手机操作的家长正常使用。

学校微信公众号应使用学校的名称作为自己公众号的名称，这样方便家长找到学校的微信公众号，头像设置可利用学校的校徽，这样更加具有指导性。在微信公众号的简介一栏中，介绍要简洁明白，让人能够一眼就知道公众号发布的信息有哪些方面，能很方便地找到自己感兴趣的内容。

（二）栏目分类简单清晰

学校微信公众号的页面菜单为了便于用户使用，可以设置不同的栏目让家长根据自己的需求去点击观看自己想要了解的内容。微信公众号规定每一个页面平台下方的栏目分类最多设置三个，每一个一级菜单之下最多可以创建五个二级菜单[①]。学校需要重点关注和思考如何划分栏目以及设置栏目名称，栏目的名称要以清晰明了的方式呈现在大众面前。

栏目菜单应根据自己学校的内容去分类设置，比如有些学校会根据自己学校的校训或者办学宗旨确定栏目的内容，在各个栏目中再进行划分。也有的学校直接根据内容进行划分，包括学生活动、学校简介、教师风采等内容。学校微信公众号中的内容如果仅使用主页面的几个栏目菜单进行划分，容易使内容显得繁杂。因此需要在页面栏目初步划分的基础上，再进行二级栏目的分类划分，以利于家长准确地找到自己想要的内容。

二、全面性原则

（一）发布内容多元

学校微信公众号作为家长了解学校活动以及教师风采的主要窗口，推送的内容应该是全面的，内容涉及学校、教师、学生活动的各个方面。学校微信公众号发布的内容应包含学生活动、学校新闻、学校公告、教师教研、教师风采展示、健康安全知识分享、国家教育政策分享、科普小知识等，囊括学生的学习生活、

---

① 腾讯客服．公众平台服务号、订阅号、企业号的相关说明 [EB/OL]. http://kf.qq.com.

教师的教育活动、健康安全知识等方面，具有多样性的特点。大多数学校微信公众号推送内容的重点是展示学生的活动风采，符合现在微信公众号的主要受众群体即家长的需求，有利于增加学校微信公众号的关注量。

当然，学生板块是家长在学校微信公众号中最为关注的内容，学生的在校状况能够引起家长的重视，因此，学校微信公众号要多加推送有关学生的内容。如现在大部分地区的学生中午都会在学校吃午饭，学生的营养状况是现在家长非常关注的问题。学校微信公众号可以设置有关的膳食板块方便家长及时了解学生在学校的饮食状况，减少家长的相关顾虑，尽量设计满足学生需求的食谱，让家长放心学生在学校吃的饭。学生的安全健康问题也是学校在管理过程中重点关注的内容，包括学生心理健康、学生寒暑假的安全、交通安全、消防安全等各个方面，通过学校微信公众号定期提醒家长关于安全的注意事项，也会引起家长的重视，帮助家长提高安全意识，让家长更好地告知学生。

（二）功能设置齐全

学校微信公众号作为家校网络沟通的重要途径，在功能设置方面一定要全面，争取做到满足广大家长的需求。学校微信公众号的管理人员在设计微信公众号的各种功能时要注意体现全面性的原则，将各种需要的功能都插入学校微信公众号，方便家校之间的沟通。微信公众号在应用过程中常见的功能有群发功能、自动回复功能、投票功能以及设计功能等。

群发功能是微信公众号的一项重要功能，通过群发功能学校教师可以将发布的内容推送到学校微信公众号中，方便广大家长阅读。自动回复功能是学校管理者为了能够及时回复家长的问题而必须设置的一项功能，该功能能够减轻学校微信公众号管理人员的负担，使家长得到相关的信息，实现一举两得的功效[1]。微信公众号区别于其他传统媒体的特征就是具有互动性，其留言互动方式主要分为五种，一是人工回复后台消息，二是设置自动回复，三是发起线上线下活动，四是开设留言互动专区，五是回复推文的评论。通过家校互动留言的方式了解家长的需求以及对学校开展各种活动的态度，可以让学校负责人员有更多的动力做好学校工作。此外，投票功能是学校收集家长建议、及时得到反馈的重要方式。这个功能看起来简单，但是只要能够充分利用，就能带来重要的效益。当然，学校

---

[1] 闫小坤，周涛. 微信公众平台应用开发实践 [M]. 北京：清华大学出版社，2017.

微信公众号的内容与功能设置一定要按需建设，力求多面，不能只停留于表面的功夫，应真正让内容和功能满足家长的需要，起到便捷的作用，提高家长对学校微信公众号的满意度。

（三）推送形式多样

随着现代信息技术的不断发展，微信公众号向读者推送的形式越来越多样化。除了文字形式，音频、视频、图片等各种形式应有尽有。当然，学校微信公众号推送的形式应以图文为主、视频为辅。在介绍学生和教师活动时，用图文结合的形式更利于提高家长或教师的阅读兴趣，也比较直观、趣味化。当下的手机拍摄技术愈发成熟，在需要的时候以视频、动态图片的形式呈现，会让文章的内容表达得更加淋漓尽致，也会更加生动形象，增强感染力。

在进行文字排版时，推文要简短有力、观点突出，精致的排版会提升家长的阅读感受。精致的花边、呼应文章的色彩、精彩流畅的对话式展示等，都会给人以美的感受。学校微信公众号编辑组应注意收集有关的图片信息，做好文字编辑，美化版面设计，做到给家长带来知识的同时还有视觉享受。

三、个性化原则

（一）体现学校特色

网络时代背景下大多数的学校都申请了学校微信公众号，但是学校微信公众号的设置却千篇一律。要突出自己学校微信公众号的特色，就需要挖掘学校自身的特色，进而才能打造出具有代表性、与众不同的品牌。学校的特色内容是学校微信公众号建设过程中的无形资产，能够为学校品牌的建立以及家校沟通的和谐发展提供重要的动力。

学校品牌是学校文化的集中体现，因此学校需要根据自己学校的文化来设计微信公众号的内容，有针对性地推送学校的特色内容[①]。比如传统文化教育是学校特色，就可以专门设置有关传统文化的小知识、小栏目，以特色的图文、视频

---

① 陈乾坤，邹硕，刘勇.基于微信公众平台的个性化家校互动 [J].发明与创新（教育信息化），2014（02）：4-8.

形式传递给家长，让家长了解学校重视的教育内容。重庆市 R 学校为了弘扬传统文化，在学校微信公众号中专门推送了有关二十四节气的文章。有班级开展的有关二十四节气的活动，也有学生家庭庆祝某个节气到来的活动。如有一期的节气为"立冬"，公众号就展示了班级开展主题班会庆祝立冬到来的内容，通过教师讲解、诵读诗歌、观看视频等多种形式，学生们了解了立冬的含义以及立冬有吃水饺的习俗。教师布置学生在立冬这一天与家长共吃水饺的作业，让学生了解习俗的同时，也增进了亲情的交流。传统节日也是重庆市 R 学校微信公众号关注的一个重要内容，比如在重阳节时会展示学生们传承亲孝之道的活动。每到传统节日或者节气来临时，重庆市 R 学校都会以班级为单位，让学生收集资料，利用主题班会的形式向学生普及知识，鼓励学生回家跟父母做一些与传统节日习俗有关的活动。多年来，重庆市 R 学校一直在微信公众号展示该内容，这就让家长与社会各界人士都形成了重庆市 R 学校传统文化教育做得好的认知。

（二）凸显学校亮点

创新是发展的重要动力，也是学校建设的基础。学校微信公众号的管理人员只有具备创新意识才能让学校微信公众号呈现出突出的亮点。学校微信公众号应做到使发布的内容适应信息化时代的要求，满足家长的需要。现在大部分地区的学生中午都会在学校吃午饭，家长都比较关注午餐这个问题。B 学校专门设计了一个板块推送学生的饮食内容，学校微信公众号管理者会在后台收集家长的留言，如学校的菜不要太辣、哪些食物容易引起孩子过敏等，然后及时将家长留言告诉食堂的管理人员，食堂师傅在设计食谱时会充分听取家长的意见，并将改进的动态情况反馈到微信公众号的互动区。此举得到了家长们的好评，膳食仅仅是关于学生的一个很小的内容，但却能够体现学校运用微信公众号促进家校互动的大智慧。

创新不仅体现在学校发布内容的新颖上，学校微信公众号的操作、展示形式等方面的创新也能形成自己的竞争优势。例如微信公众号中微官网的链接端口，可以让读者直接跳转到自己想要阅读的内容，还可以扩展栏目菜单，形成自己学校的亮点[①]。

---

① 林森.基于微信公众号的家校互动创新实践 [J].中小学德育，2020（01）：61-62.

第四节　运用学校微信公众号进行家校沟通的方法

一、提高家长对利用平台进行家校沟通的重视度

（一）对标家长心理，增加宣传途径

家长关注孩子学校的微信公众号，利于家长全面了解学校发生的各种活动以及获得各种教育方法，因此让家长关注学校的微信公众号是至关重要的。一方面可以利用家长群的方式让家长关注，班主任或者任课教师在群里转发学校微信公众号发布的活动，家长在观看的同时就会自动关注学校的微信公众号。除了线上宣传的方式外，线下的方式也同样可以帮助家长关注学校微信公众号，学校的微信公众号可以将相关信息放在学校发布的各种纸质版材料中，包括学校的报纸、各种纸质版的校刊或者致家长的一封信[①]。另一方面，学校可以利用好各种宣传工具，将学校微信公众号的二维码张贴在学校外部的宣传栏中，或者是投放在学校的电子滚动屏幕中。在学校开学或者是召开家长会时介绍学校微信公众号也是非常重要的宣传方式，教师可以在家长会进行过程中建议家长关注学校的微信公众号，或者直接将学校微信公众号的二维码张贴在班级的黑板上，家长会自己关注。

总之，学校应该利用各种各样的资源，让家长关注学校的微信公众号，扩大学校的影响力，增加家校合作的途径。

（二）针对家长需求，把握推送节奏

让微信公众号保持良好的推送时间与推送频率，才能培养家长的阅读习惯，提高微信公众号文章的阅读效率与阅读效果。学校要想吸引更多的家长，微信公

[①] 陈乾坤，邹硕，刘勇.基于微信公众平台的个性化家校互动 [J].发明与创新（教育信息化），2014（02）：4-8.

众号的内容最好在下班时间推送，促进阅读量的增加。微信公众号中的订阅号有一个明显的特点是对消息进行折叠，一旦信息过多，家长就会容易遗漏学校微信公众号推送的内容。因此在一天当中，选择上午或者下午的时间进行内容的推送是最好的，避免让信息被折叠。在推送频率方面，推送的次数过多或者过少都是不合适的。推送频率建议以周为单位保持相对均衡，过多或过少都不利于家长的阅读。信息过多会引起家长的反感，对家长造成阅读疲劳，而且推送过多还会对学校的运营人员造成压力；推送过少则会显得学校开展的活动太少，缺少活跃度或者让家长认为活动信息不能及时推送，微信公众号管理人员没有认真运营。

因此，学校在保证推送时间的同时也要保证推送的频率，让高质量的公众号文章及时进入家长的视野，满足家长的需要。

二、完善平台的家校沟通内容

（一）合理策划推送内容

全面的家校合作内容有利于充分发挥微信公众号对家校沟通的重要作用，家校合作的内容涉及家长、学校、学生。对于家长来说，学校微信公众号应该推送一些关于教育政策、教育理念、教育方法的文章，帮助家长更好地育人；对于学校来说，应该推送关于学校建设以及学校举办的活动的文章，让家长了解到学校开展的各种活动以及教育动态；对于学生来说，应该推送教育学生的文章，包括各种有关传统文化、传统节日的教育文章以及展示学生风采的文章，让学生意识到平时受到了家长和教师的关注。学校微信公众号要准确定位，在发送关于学校新闻的同时注意将重点放到学生身上，学生关注自己，家长也关注学生，所以多推送学生活动的信息才能更加吸引家长的注意。

首先，学校可以利用微信公众号的投票功能、留言互动区功能，倾听家长、学生的心声，通过这样的方式把握家长真实的需求，提高微信公众号推送内容的针对性，让家长参与到微信公众号的建设当中。其次，学校管理人员要及时分析后台收集的数据。微信公众号的用户浏览量、关键词搜索、阅读量、分享量等各种数据都会保存在后台，微信公众号的管理者可以定期整理后台数据总结规律，了解家长对各种栏目的关注度，通过对大数据的分析与参考改进内容的选择与推出的形式。需要根据实际情况调整推送内容的时间、完善标题的拟定，判断内容是否符合家长的需求、语言的表达是否幽默风趣等，不断提升学校微信公众号的水平和吸引力。

（二）分类设置教育知识板块

现今社会提倡德智体美劳全面发展，因此学校教育不能单纯注重学生的学业成绩，学校微信公众号需要根据社会发展推送符合时代需求的新内容。如现在学生的心理发展速度较快，出现了众多的心理问题，因此学校可以开设专门的心理健康板块，让家长了解现阶段学生普遍存在的心理问题，有针对性地进行学习教育。又如，学生的安全是学校和家长关注的重要话题。学生在学习生活过程中面临着许多安全问题，学校一定要时刻提醒家长关注学生的安全问题。虽然学校经常强调安全问题，但是有些家长还是会忽视。学校可以通过微信公众号定期提醒家长关注安全问题能引起更多家长的重视，让家长更好地告知学生，帮助提高学生的安全意识。

作为促进家校合作的一个重要内容，家教方面的信息与知识也是至关重要的，应该着力打造。家长学会了正确的教育教学方法与知识，教育视野开阔了、方向正确了、方法也逐渐有了，才能更好地发挥出家庭教育的正向能量，才能更好地教育学生，实现家校合力教育学生的终极目标。

三、强化家校双方的互动机制

（一）优化家校互动机制

学校微信公众号可以设置互动功能，家长可以随时在公众号文章中发表自己的见解，让学校知道家长群体的意见与需求。还可以将家长的留言展示出来，或及时对留言进行回复，实现家校交流互动，这既能够让学校的领导看到学校工作人员的工作情况，也能让一些优秀的评论为学校做宣传。学校也可以利用线上互动的方式，如用投票的方式与家长进行关于学校建设发展的互动，了解家长的需求，拉近家校之间的距离，并根据家长的反馈意见优化微信公众号的建设。

为了方便收集留言，学校可以专门开设互动栏目，在家校合作栏目之下设立留言信箱，通过留言平台让家长分享自身的教育理念与教育方法。学校管理人员将优秀的案例放在互动专区，让更多的家长自主学习。把家长的建议统一放在互动专区，利于管理者集中处理，减少工作量。缺少互动机制的微信公众号只能单方面地传递信息，只有建立完善的反馈、互动机制才能实现真正意义上的家校双向的互动交流。

（二）扩大教师参与度

1. 提升家校合作意识

家校关系是教师在教育教学过程中面临的基本关系，教师处理好家校之间的关系对自身的教育工作以及学生的学习都会有重要作用。但现在许多教师把处理家校之间的关系看作一种负担，认为自己在下班或者是休息时间回复家长的问题是一种额外负担，尤其是面对一些事情比较多的家长时。但是这种观点是错误的，真正良性的家校合作并不会给教师带来压力，让家长配合学校的工作，会减轻教师的负担。作为教师要主动参与家校建设，教师可以通过阅读家校合作的相关书籍，并在家校合作中亲身实践、积累经验，不断提高自身的家校交流能力。

在学校中，更多的情况是班主任与家长的沟通次数多、沟通时间长，而任课教师与家长的沟通次数较少。但是作为任课教师，提升自己的家校沟通能力也是有必要的，家校合作不仅是班主任的工作，作为任课教师也应时常与家长沟通，让家长了解学生各方面的状况，为家长促进学生的全面发展提供帮助。

2. 提高微信公众号的建设能力

教师是建设微信公众号的中坚力量，班主任能为学校微信公众号提供班级的相关素材。任课教师也需要积极与家长沟通，主动参加与学校有关的活动，轮流承担微信公众号推文的编写等工作，体验各种家校活动。学校微信公众号的运营是一个专业的过程，整个操作流程也非常复杂。教师要主动学习与信息技术相关的知识，在参与学校微信公众号的工作中提升才干，为家校协同做出贡献。

利用现代通信技术，可以为家校之间营造一个和谐、民主、畅所欲言的平台，增加家庭教育资源、社会资源以及学校教育资源。信息技术的应用能力是教师在现代信息社会的一个必备技能，如为学校微信公众号提供的各类图片、音频、视频等素材，需要教师进行筛选、基本的制作与编辑等。老师可以在参与学校微信公众号的工作中，通过以实践操作为主导的学习方式，逐步提高相关的信息技术技能，适应时代对教师综合素质的要求，适应开展微信公众号工作的需要。

（三）引导家长参与建设

1. 参与微信公众号的互动与建设

在学校，班主任是与家长联系最密切的教师，在引导家长关注并参与学校微信公众号的作用中影响巨大。教师将微信公众号的内容传递到班级群中会引起家长的关注，优秀文章的转发也会让家长意识到微信公众号的巨大作用，这样会让家长积极主动地关注学校的微信公众号。平台的建设需要两者的相互配合，对于积极主动学习并分享教育经验的家长可以给予一定的激励，让家长们形成一种竞争意识，调动家长参与学校微信公众号工作的积极性。

还可以通过家委会的宣传、组织、带头与协调，向家长宣传学校微信公众号的作用与价值，积极配合学校微信公众号的建设运营工作。学校领导的高度重视，对家长积极参与学校建设的行为给予表彰，能增强家长的信心。有能力与时间的家长在激励之下做事的效率也会提高，能更积极地与学校互动，为学校微信公众号的建设贡献自身的力量。

2. 提高运用微信公众号的能力

现在的家长的学习能力越来越强，手机的使用效率越来越高，但还是有一部分的家长学习积极性不高，不熟悉微信公众号的功能，这是常态。如果家长仅仅只会用手机阅读微信公众号的信息，是明显不够的，还需要学会利用微信公众号的查阅、留言、互动交流、上传资料等功能。因此，学校应有针对性地对家长进行基本培训，以提高家长的运用能力。家长也应利用各种小视频学习操作的步骤，将学习的知识与内容及时运用到微信公众号的操作过程中。

微信公众号的建设过程需要学校与家长双方的相互配合，这样才能使微信公众号走得更加长远。家长利用信息技术主动参与家校合作，就会形成良好的家校合作循环，推动学校微信公众号更好地发展。

四、定期开展微信公众号的评价与管理

（一）建立评价反思体系

学校微信公众号作为学校向大众开放的窗口，在运营的过程中难免会遇到各种困难，及时对发布的内容进行反思，是推动学校微信公众号走向长久发展的必

然之路。为了实现资源的合理利用，发挥好学校微信公众号作为宣传、互动交流平台的功能，需要建立长期的评价机制。

学校微信公众号的他评主体应该由上级主管部门、家长、社会人士为主，学校领导、教师与学生是自评的主体。首先，加强过程性评价与反思，学校微信公众号各栏目的负责人要定期对学校微信公众号发布的内容进行数据分析，定期汇总阅读量和点赞量多的内容，了解家长的需求，加大相关内容的发布频率；对于阅读量低的文章，及时利用学校家委会的力量了解原因，及时修正文章的排版或内容的表述，或者减少此类内容的推送。其次，要定期组织召开会议，及时总结在微信公众号运营过程中出现的问题；建立长期的管理计划，及时鼓励在运营过程中表现好的成员，提高运营人员的积极性。再次，长期的评价反思过程才能让微信公众号的运营向更好的方向发展。反思运行内容和运行机制，想办法提高家长的参与度，让家长群体的意见更好地被收集，及时整改出现的不好现象，让家长乐于参与建设微信公众号并在建设过程中真正发挥作用。

（二）强化平台的运行管理

对微信公众号进行管理是保证其正确运行的重要举措。微信公众号作为学校对外展示的重要平台，其发布的内容信息都会对学校整体产生影响。学校微信公众号的管理过程包括学校微信公众号的内部管理和外部管理两部分。内部管理指的是运行学校微信公众号的人员，在整个写作、审核、发布的过程中存在的问题是否及时解决，是否存在人员空缺等情况，要把责任真正落实到个人身上；外部管理指的是与家长的沟通交流情况，负责人员能否及时回收家长的意见进行整改。在整个管理过程中，既要注重微信公众号内部的管理，又要注重外界对学校微信公众号提出的意见，内外兼顾才能保证微信公众号真正发挥作用。

要让微信公众号最大程度地发挥真正的价值，管理人员起着重要作用。落实好微信公众号管理人员各方面的职责，实现各个部门的真正配合，保证整个过程的完整性，才能让微信公众号的运行更加有序。

第八章
学校开放日（校访）的沟通策略

为帮助家长直观地了解和感受孩子在学校里的学习和生活状态，打破家校间的壁垒与隔阂，许多学校在每学期都会定期举行学校开放日活动。学校开放日是家校沟通的一个重要途径，为家长提供了一个了解学校、了解教师、了解教育的平台。本章将从学校开放日的内涵与功能、学校开放日的活动形式与特点、学校开放日活动开展的原则与方法、学校开放日期间教师的言语沟通策略这四个方面进行探讨。

第一节　学校开放日的内涵与功能

一、学校开放日的内涵

学校开放日（School Open Day），顾名思义，就是学校对外开放的日子，目的是让参观者了解学校。有的开放日面向的是在校学生的家长，有的面向的是所有社会人员，本章谈及的学校开放日属于第一种。开放日期间学校会邀请学生家长进校参观，让学生家长体会和感受学生在校的生活和学习，活动结束后学校还会专门安排时间与家长交流。通过学校开放日家长可以更好地了解学校的办学水平、教师的课堂教学能力、孩子的在校表现，增进家长对学校、教师的信任，有利于家长、教师共同助力孩子的成长。学校开放日是校园文化活动的一部分，好的校园文化活动有利于营造良好的校园环境，有利于学生树立正确的世界观、人生观、价值观，也有利于将他们培养成有理想、有道德、有文化、有纪律的社会主义建设者和接班人，同时也有利于学校、教师自身的发展。

二、学校开放日的主体

（一）教师

教师是沟通学校和家庭的桥梁，也是学校开放日的重要主体。学校开放日的筹备与顺利开展都离不开教师积极主动的参与。教师要了解每位学生家长的需求以及他们的家庭基本情况，提前制订开放日活动的计划与前期准备。在进行过程中也要和家长保持联系，关注他们的活动体验，遇到突发情况要及时处理。活动结束后主动与家长联系，获取反馈信息，提升活动效果。

（二）家长

学校开放日是家校沟通的重要途径，然而家长在参与过程中往往处于被动状态，可供家长发挥的空间极为有限，因此学校需转变学校开放日的组织形式，明晰开展学校开放日的目的，深刻认识到家长是学校开放日的重要主体，而不是简单的参与者。可以适当让家长参与学校开放日的计划与准备工作，这样有助于家长了解学校组织开放日活动的辛苦与价值，能够使家长更加了解子女的学习环境、教师的教学活动过程，体会学校管理工作的艰辛，对学校教育活动有更直观的认识。此外，家长参加学校开放日活动在一定程度上可以减少与校方的摩擦，端正双方积极的合作态度，有助于家长在支持和关心学校的同时树立起对教育的信心。

（三）学生

学生是学校教育的主体和中心，没有学生，教师和学校也就失去了存在的意义，家校沟通的最终目的是帮助学生实现更好的发展。学校开放日是家校沟通的一种重要形式，学生是联系教师和家长的重要纽带。家长进入学校就是想了解孩子在校学习与生活的环境，清楚他们在校发展的情况。因此，学校开放日的成功开展一定离不开学生的参与，他们也是学校开放日的主体。

（四）学校领导

学校领导负责学校的常规管理，也是学校教师的带头人。学校开放日就是在学校领导与学校教师以及后勤人员的通力配合下完成的。学校领导一定要意识到举行学校开放日的目的与重要性，调动学校教师以及后勤人员的积极性，协调好各方资源，切实开展各种活动，让家长在参与学校开放日的活动中能够加深对学校以及教师的了解，从而更好地配合学校与教师的工作。

（五）后勤人员

学校除了有校领导、教师、学生外，还有大量的后勤工作人员，如保安、食堂工作人员、保洁人员等，他们也是学校开放日的主体。保安承担着保护学生安全的任务，食堂工作人员负责为学生提供健康的饮食，宿舍管理人员负责照顾学生的寝室生活，保洁人员为学生们营造良好的学习与生活环境，后勤人员为学生的成长提供了重要支持。家长在进入校园参观时虽然不能看到所有的后勤人员，但他们提供的服务家长是能够清楚地看到的，后勤人员细致的服务在一定程度上能够提升学校开放日活动的效果与家长对学校的总体印象，让家长对学校充满信任感，更放心将孩子交给学校。

三、学校开放日的功能

（一）增进家校沟通

著名教育家苏霍姆林斯基曾经说过：儿童只有在这样的条件下才能实现和谐的、全面的发展，就是两个"教育者"——学校和家庭，不仅要一致行动，要向儿童提出同样的要求，而且要志同道合，抱着一致的信念，始终从同样的原则出发，无论在教育的目的上、过程上还是手段上，都不要发生分歧，这充分体现了家校合作的重要性。教育作为一个由家庭、学校和社会组合而成的系统工程，需要家庭和学校这两个系统的紧密合作来实现教学任务。我国中小学都实行的是封闭式管理模式，除特殊情况外，家长基本上是不能进入学校的。家长与教师的交往一般局限于家长会和聊天软件上的简单沟通，家长会虽然会在学校举行，但一般是在学生放学后进行的，家长没有机会了解教师的教学水平以及孩子的课堂表现，而且持续时间一般不长、交流频率也不高，家长没有与教师深入交流的机会。学校开放日在某种意义上打破了这种局面，为家校沟通提供了良好的平台。在学校开放日这天家长能够进入学校，现场观察老师的教学活动和学生的在校表现。这在一定程度上增进了家长对教师的了解和信任，也让家长对自己孩子的认识更加全面。此外学校开放日至少会持续一天，教师和家长也会有更多沟通交流的机会。

（二）促进学生全面发展

家长和教师是学生成长过程中的重要他人，在学生成长过程中发挥着不同的影响。如果双方缺乏沟通与信任，就会导致家庭教育和学校教育脱节，对学生的发展极为不利。学校开放日为家校沟通提供了专门的平台，让家长对学校、教师、学生的了解更加深入，能够有效增强家长对学校、教师的信任。这样一来就打破了家庭教育与学校教育脱节的局面，能够更好地发挥教育合力。在教师和家长的共同努力下，促进学生得到更好的、全面的发展。

（三）促进教师专业发展

促使人不断前进发展的动力可以分为外部动力和内部动力，学校开放日为教师专业发展提供了外部动力。开放日这天学生家长会来到学校随班听课，因此教师会花更多的精力来设计自己的教育教学活动，促进教师反思自己的日常教学。当自己精心设计的教学活动得到了良好的反馈，教师会收获一种成就感，这种成就感会驱使老师不断地提升自己的专业技能，从而在专业上得到更好的发展。

（四）促进学校发展

学校的发展离不开教师的支持和家长的配合，学校开放日能够增进教师和家长的沟通与信任，使教育教学活动更好地开展。学生在教师和家长的共同努力下能够得到更好的发展，当教师和家长看到学生的成长和进步时他们之间的信任感会不断增强，双方工作的开展也会更加顺利。教师会不断提升自己的专业能力以使学生得到更大的发展，家长也会更加配合教师的工作，这就形成了一个良性的循环。评价一所学校的好坏不仅要看学校的升学率，还需要考察学校是否具有让学生好学乐学、有时代新面貌、全面助力孩子健康成长的学校氛围与环境，学校开放日正是建设与展示学校的重要契机。

第二节　学校开放日的活动形式与特点

一、学校开放日常见的活动形式

（一）家长课程

家长课程是指家长作为志愿者，基于自身生活经验、工作经历或专业特长参与孩子所在班级或学校的教育教学活动。在不同的班级和学校，家长课程被赋予了不同的名称，如家长讲堂、家长课堂、家长知识讲堂、家长绘本课堂等。学生家长不仅从事着各个领域的工作，很多家长还有才华、有特长。学校开放日为学生提供了一个拓宽视野、全面发展的机会，家长走进课堂、走上讲台为学生讲解他的工作可以让学生大开眼界，树立理想、目标，激发学习热情。有手工特长的家长可以为学生上一堂生动有趣的手工课，学习学校里学不到的东西；家长音乐课、科学课等让孩子的身心更加愉快，真正实现家校共育。同时，教师增进了对家长的理解与认识，家长体会了教师上课的辛苦与不易，让家校双方彼此得到更多的了解与理解。也使家长更深入地了解班级和学校，更好地推动班级、学校的发展。

就学生方面而言，家长课程为他们提供了不同于"正规课堂"的独特体验，通过家长的时空穿越和角色转换，看到了不一样的家长或者有了看待家长的新角度。有效利用家长资源，让不同职业的家长进入课堂，挖掘不同职业所具有的教育性，对学生进行初步的职业教育及人生观教育，能够让学生明白不同职业的责任与特点，知道辛苦劳动才能创造生活、创造价值，从而形成相应的职业理想，并决心朝着这个理想努力奋斗。家长资源是学校最为丰富的校外教育资源，通过家长进课堂活动，能使学生们学到很多知识。在人际关系上，家长课程包含了家长与学生、家长与教师、家长与家长以及家长与社区其他相关者等多重的人际联结，这些联结的建立和维持旨在维护一个有助于学生成长与发展的支持性环境。家长课程实质上是把作为学生成长与发展关键人的家长正式吸纳到教育系统中来，从而联结正规教育、非正规教育和非正式教育，并形成学生在校学习、在家学习和在社区学习之间的协同效应，更好地形成教育合力。

案例 8-1：

重庆 Y 中的综合实践活动课程率先破除以教师为主导、以学校为舞台的桎梏，广泛开发家长资源，将家长引入课堂，将"家长课程"作为学校常规选修课。

1. 寸积铢累，经年乃成

将"家长课程"列为学校系统性的常规课程在全国尚属开创之举，在唐校长的指导下，学校专门集合了多名教师组成"家长课程"工作小组，进行课程实施方案的专项探索。并且工作小组确定了"征集课程"—"培训指导"—"正式实施"的"三步走"工作程序。针对精品"家长课程"，工作小组特别指派了专职教师与授课家长进行一对一的培训和指导，反复打磨家长的教案和课件。

2. 聚于所好，精于所求

为了满足不同学生的兴趣需求，每一期"家长课程"都采用网上选课的方式让学生自主选择。每当课一放出，不到 1 分钟，几乎全部课程已被学生抢光。

对于学生而言，"家长课程"突破了课程表上按部就班的学习流程，让孩子们自己安排课堂，将选择学习内容的主动权交还与学生，极大地调动了学生听课的积极性。同时工作小组召集了授课家长的子女，创造性地成立了"学生助教团"，帮助家长备一节课、听家长上一节课，然后再根据自己的真实感受帮助家长修改课件以更好地适应中学生学情，这既有效地帮助家长完成课件制作，同时也是一次亲密的亲子互动。

3. 海不辞盈，方有其阔

自"家长课程"开创以来，有上百位热心家长抖擞精神，第一次走进孩子的课堂，把自己峥嵘岁月里的点滴生活智慧与人生感悟，向求知若渴的孩子娓娓道来。

他们中有高级工程师，带领孩子们领略世界各式奇妙的建筑，畅想未来个性城市；有知名选美评委，能教孩子如何通过肢体语言挖掘自己的内在魅力；有甜品达人，能指导孩子做出令人垂涎欲滴的美食佳肴；还有退役的老兵，为学生深情讲述那段激情燃烧的岁月，讲述在那片迷彩绿中持久发酵的生死战友情。

《中国教育报》《重庆晨报》《重庆商报》、重庆电视台、华龙网等知名媒体纷纷追踪报道，向全国教育界推介这令学生心仪的"家长课程"，并将其评价为是对新时代教育的回应，是深化课程改革的有力举措，最大限度地激活了家长参与学校教育的动力，为学校建设精品课程拓宽了视野，探索出新的路子。①

（二）家长随班听课

在学校开放日当天，家长还可以随时走进课堂，选择自己感兴趣的课程进行旁听。在公开课上，家长除了可以直接地观察到孩子在课堂的表现情况，也能直观地感受到班级的课堂纪律、教师的课堂特色与授课能力和学校教学工作的开展情况。课堂是教师集中展示学校教育的主阵地，开放日当天学校会开放语文、数学、英语、美术、科学、音乐、书法等多门课程。带着对课堂的期待，家长们走进教室与孩子们一同聆听课堂之声，感受学习美好。教师们以饱满的热情、全新的理念呈现一节节精彩纷呈的课堂，孩子们认真思考、积极讨论、踊跃发言。整洁的教室环境、规范的读写姿势、有序的整队集合、文明的言谈举止……孩子们每一个行为习惯的背后，都凝结着教师们的辛勤付出。家长与孩子坐在一起共上一堂课，在感受孩子进步的同时，也能对孩子学习方面的一些不足与困难有一定的了解。

家长是学生的第一任老师，只有让他们了解教育，才能使他们关注教育，进而支持教育。家长只有了解学校教育教学工作，才能有效配合学校工作，进而培养好孩子。家长和孩子一起听课可以让家长了解每位教师的授课情况，能够让家长目睹孩子在校的听课情况、学习情况、作业情况、活动情况，有利于家长全面了解孩子、因材施教。家长随堂听课将课堂置于家长监督之下，还能促使教师们在备课、讲课上下功夫，提高自身的授课水平。

（三）邀请家长参观学校

邀请家长参观学校是学校开放日常见的活动形式之一。良好的校园环境是反映校园文化、学校治学水平和管理水平的第一面镜子，能带给家长认知学校形象

---

① 重庆一中．携手学校，共筑教育梦；创新课堂，齐聚百家长 [EB/OL]. http://www.xiaozhang.com.cn.

好坏的第一直观感受，是学校文化的窗口。校园环境建设包括校园绿化、卫生、文化设施等方面。校园环境卫生主要指校园内的道路、绿化、运动场地、建筑等地的卫生情况，文化设施则主要指校园内以启迪和教育学生为目的的文化建筑小品、宣传设施、人文景观等。一个干净整洁、舒适优美的校园环境会让家长对学校有一个良好的印象。

参观的内容主要包括校容校貌、学校学生的整体风貌，以及学校的教学设施、各类成果展览、发展历程、教学理念、各类规章制度和办学特色的资料介绍等。过去家长对学校的了解往往来自孩子的叙述，以及学校公众号的相关推送报道。而通过实地观察，家长们能切身感受到学校做了大量扎实有效的工作，对学校的办学理念、办学特色以及近年来学校在教育教学方面取得的成就也能有更深入的认识，这样家长们能打心底里认同学校和任课教师，从而更好地配合学校和教师开展相关的工作。

（四）学生成长展

学生是联系家长和老师的纽带，家长和教师的出发点都是为了帮助学生实现更好的发展，因此围绕学生的发展开展相应的展示活动也是学校开放日常见的活动形式。学生成长展有多种类型，总结起来包括绘画作品展、书法作品展、各科作业展示等，不管是哪种类型的展示，它的目的只有一个，即体现孩子在校的发展进步情况。

由于缺乏家校沟通，一部分家长对教师、对学校似乎有一种不信任感。家长和教师之间存在着一种信任危机，这种信任危机不仅影响到了各项教育工作的开展，对学生的发展也产生一定的影响。所以在学校开放日活动中向家长展示孩子在学习或者生活中的进步，消除误会与隔阂，能够让家长看到孩子在学校和教师教育下取得的成长，增强家长对教师和学校的信任。

二、学校开放日的特点

1. 开放性

学校开放日既是学校对家长的开放，也是家长对学校、对学生的开放，具有开放性的特点。学校是社会大系统中的一个小系统，它不是与世隔绝的，只有在与社会的良性互动中才能更好地发展。家庭是学校教育服务的对象，让家长参与到学校教育和管理活动中，采纳他们的建议，吸收优秀的教育资源对于学校教育具有重要意义。我国中小学普遍采用封闭式管理，除特殊情况外家长与其他社会人士是不允许进入学校的，其目的是保障学生安全并为学生的发展营造一个良好的、经过纯化的环境。在学校开放日这天，封闭管理的学校会向学生家长打开大门，让他们进校参观。家长可以进入课堂随班听课，也可以在校园四处参观，总之学校的一切都向家长开放。在学校开放日期间，部分家长也有机会将自己的职业特性、工作日常以舞台、视频或是模拟的形式展示给学校和学生，让学校和学生对家长、对社会各阶层有更深入的了解。

2. 直接性

在过去，家长主要是通过间接的方式来获取关于学校、教师以及孩子在校表现等方面的信息，信息获取的间接性必然会影响信息的时效性与准确性。而学校开放日为家长获取相关信息提供了一个专门的平台，通过学校开放日家长能直观地了解学校、教师、学生等方面的具体情况。学校的办学条件、教师的教学水平、孩子的在校表现以及师生互动情况都直观地呈现在家长面前，这在很大程度上避免了信息不对等而产生的错误认识，不仅有利于家校沟通也有利于家校共育的开展。

3. 展示性

学校开放日在某种意义上就像是学校与教师的汇报表演，学校要向家长展示自己的办学条件与水平，教师要向家长展示自身的教学水平与专业能力，在这个意义上学校开放日具有展示性的特点。因此在开放日中，教师和学校一定要将自己最好的一面展示给学生家长，只有这样才能让家长信任学校和教师，相信学校和教师有能力和条件帮助孩子实现发展，进而积极主动地配合学校与教师的工作。同时家长也是学校最好的宣传者，他们会将在开放日的所见所闻转述给身边的人，这在无形中也对学校作了宣传。这种形式的沟通和交流，让外界能更客观地了解学校，对提高学校知名度具有重要意义。

4. 沟通性

对于学生家长而言，最关心的莫过于孩子在学校里的学习和生活情况。为满足家长的需求，帮助父母直观地了解和感受孩子们在学校里的学习和生活状态，学校开放日扩宽了家校沟通的渠道，为教师和家长提供了一个沟通的平台。在过去，教师和家长主要是通过家长会、电话、QQ、微信等形式进行沟通。家长会举办的频率不高，一般一学期举办两次，而且每次家长会持续的时间不长，往往是教师对家长进行单向的信息传递，双向的信息交流太少，电话、微信和 QQ 也有一定的局限性。学校开放日为教师和家长提供了即时的、面对面的、直接的双向沟通平台，并为学校开放日结束之后的交流提供了新的思路与内容。

第三节　学校开放日活动开展的原则与方法

学校开放日与家长会不同，是一种更加灵活的家校合作方式。在开放日中，家长可以走进校园、走进班级，近距离地接触、观察自己的孩子，了解孩子在学校的生活环境如何。教师在开放日也可接触到孩子的家长，就孩子的教育问题进行交流。学校开放日是一种双向性的家校沟通方式，通过家长走进校园实现家校共同携手的目的。一些学校开设了家长进校园的家校活动，但是活动的效果却并未达到预期。时间短、没有具体的目标计划、家长参与人数少、活动内容单一、活动形式化都是导致学校开放日失败的因素。要想学校开放日取得成效，就必须遵循活动开展的原则和方法。

一、活动开展的原则

（一）相互尊重

受传统观念的影响，在家校合作中，个别教师总是自视地位高于家长，把自己看作是家校合作中的领导者、权威者。另一方面，受教师拥有至高无上的权威的传统观念影响，个别教师有种高人一等之感，认为家长不懂教育规律，在教育问题上没有发言权。一些教师在对待家长时缺乏应有的尊重，尤其是对待犯了错误的学生的家长，像批评学生一样的训斥、指责；家长也受师道尊严的传统观念影响，认为教师无论在知识传授方面还是教育方法方面都是权威的，部分家长在与教师沟通与交流的过程中诚惶诚恐，生怕得罪教师。在家校合作中合作双方要形成相互尊重的合作意识，尊重是合作的前提条件。如果没有基本的尊重，合作根本无法开展，教师需要尊重学生家长，赢得家长的认同和支持，家长也要尊重教师、理解教师。

（二）统一认识

在学校开放日开始前首先应统一教师与家长的合作认识，如果对合作认识存在偏差，将严重阻碍家校合作的顺利进行。教师与家长要在学校教育和家庭教育的性质、学校和家长的角色以及家校合作的性质、目的、内容上形成全新的认识。教师和家长要认识到，学校不是唯一提供教育的地方，学校教育和家庭教育同样重要；学校教育不是学校对家长的一种恩赐，家长不需要完全服从学校的要求；学校教育是一项服务，需要学校与家庭相互配合。学校不是独裁的支配者，家长也不是完全没有教育专业知识、不懂教育、只能处于被动地位的服从者，家长了解子女的品行及成长过程，在教育子女上拥有先天优势和主动权。学校和家庭是具有独立责任的长期合作伙伴，学校和家庭的合作不应局限于低层次的接触、单向的沟通，应该是多层次的参与、双向的交流和共同的决策。

（三）重视家长意见

学校开放日活动往往只考虑学校、教师的需要，活动的时间、地点也只考虑教师的方便，家长只是被动地接受邀请，这是不够的。在策划开放日活动时就需充分考虑家长主动性的调动与具体情况，比如在活动时间上，要选择大部分家长都能够参与的时间，同时设置不同时间段的活动，避免家长因时间冲突无法参与活动的问题。在活动形式上，也可以提前对家长进行意见采集，根据家长的不同需求设置不同的活动。教师与家长之间应保持定期的、持续性的跟进联系，而不是只局限在开放日中。虽然交流和联系是相互的，但从学校的角度上来说，应该让教师首先保持主动性。也可以适当增加学校开放日活动的开展频率，加大家校联系、互动的力度，让家长对学校和孩子的在校情况有更多的了解。

（四）充分准备

学校的负责人与教师需要认识到学校开放日的重要性，从思想上加以重视。首先，学校要做好详尽的开放日计划，明确具体开放时间、人员接待、家长来校的具体流程等。可以准备一份简明扼要、重点突出的学校宣传和介绍资料，在参观活动开始前分发给参加活动的家长，帮助他们对学校的情况形成初步的了解。其次，拟定好一份合理的活动流程，避免在活动当天的参观过程混乱而盲目。再次，准备好活动所需要展示的内容和相关资料，如果当天有教师公开课、学生文艺汇演等活动展示，学校应对内容进行精心筛选和准备，并由负责人事先进行质量把关，争取将学校最好的、最有价值的一面展示给家长。

（五）不流于形式

学校开放日的具体活动内容不应形式化，应贴近日常教学活动。如果学校为了让家长满意，准备的参观活动与平常的校园活动不符，会给家长带来假象。学校开放日的初衷就是让家长有机会观察到最切合实际的校园生活，有些学校为了树立良好的校园形象而把最初的目的抛之脑后。开放日的活动不应只是流于形式和热闹，而应将重点放在学生的成长与家校沟通上。学校在策划和准备各项活动时，应在活动主题和活动内容的选择、活动场地以及活动流程的安排上多加斟酌，也可多加听取学生家长和普通任课教师的意见和建议，尽量使每一次活动都能举办得更有意义和价值，让教师、学生和家长在整个活动中有所思考和收获。

（六）注意礼仪

礼仪是学校形象、文化、师生素质修养的综合体现。在开放日活动期间学校应派出学校代表欢迎家长的到来，以示学校对家长的重视和尊重。家长在校活动期间，学校应安排专人随同、引导、讲解和交流，让前来参观的家长感受到学校真诚、热情的态度，增强家长对学校的好感度。

二、活动开展的方法

（一）活动形式多样化

学校开放日的活动形式应尽可能的多样化，除了开展家长课堂、参观校园、随堂听课外还可以多举办各种家长可以参与其中的活动。比如亲子秋游系列活动，包括亲子趣味运动会、野餐之家乡美食分享等，让家长参与到学生的秋游研学中，为家长提供真正参与到学生活动中的机会，拉近家长与教师之间的距离，让家长有良好的参与体验。除此之外，还可以举办家长读书分享会等活动，为家长们提供交流家庭教育知识经验的机会。另外，家校合作活动的设置还应满足不同年级学生的发展需要，根据不同年级设置不同的家校合作活动。

（二）家长与教师共同准备

注重家长的作用与角色，积极让家长参与到筹备工作的相关事宜当中，打破传统教师主动组织、家长被动参与的局面，充分调动家长的参与性与主动性。家长参与学校开放日的筹备工作能使整个筹备工作更为完备，更能使家长真正地融入到学校教育工作中来，亲身体会其中的酸甜苦辣与大小事宜，从而更好地进行家校合作、支持教师工作。其次，站在家长的视角对活动进行筹备，可以使整个活动的安排更加趋向家长的期望，保障学校开放日活动的效果。在共同准备开放日活动的过程中教师和家长也有了更多的沟通机会，能够加深彼此的了解。

（三）开放时间可预约

学校开放日不仅是向家长展示教育教学的成果和孩子的整体素质，更重要的是要听取家长的意见和建议，营造一个和谐的家校共育环境。时间上的冲突、教室空间受限等原因使得部分家长无法参加开放日活动。为克服目前学校开放日活动中存在的工作日时间冲突等问题，学校可采取分批预约式的方法。学校可将开放时间灵活调整在两周或一个月内，让家长们根据自己的需要预约活动时间，尽量满足每位家长的时间需求。预约式的学校开放日活动体现了尊重家长、服务家长的意识，让更多的家长走进学校、走进课堂、走近教师和孩子，熟悉学校教育教学和改革动向，从而更好地配合学校工作，共同关注每个学生的健康成长，有效地推进家校合作。

第四节　学校开放日期间教师言语沟通策略

一、开放日前的沟通策略

（一）及时通知

学校开放日的时间确定后，教师需要及时通知家长。教师可以做一个精美的电子请柬，请柬的前半部分主要是学生的成长记录以及班级的难忘瞬间等，最后配上真挚的话语邀请学生家长参与并附上具体的时间、地点以及简要的活动流程。这样的通知方式比传统的文字或电话更有吸引力，能够激发家长的参与兴趣。教师一定要注意提前通知时间，切忌临时通知。学校开放日通常在工作日进行，临时通知家长参加活动，会打乱家长原有的时间安排，给家长造成一定的压力，影响家长参与活动的心情。对于那些没有时间参加活动的家长，教师也要理解尊重，并站在家长的立场进行换位思考，体谅家长的难处。

（二）介绍活动

为了让家校沟通更加便捷，很多班级建立了教师与家长的 QQ 群或微信群，使得家校沟通不再受时间和空间的限制。教师可以在家长群中向家长详细介绍开放日的活动安排，让家长清楚活动的流程，家长了解了活动的大致流程才能在活动过程中做到心中有数。教师在向家长介绍活动时也不能太过随意，不能忽略了自己的教师身份，将与家长的沟通当作随意的聊天。要注意自己的语言、语气等，不要用命令式的语气和家长沟通，要耐心地向家长介绍活动的安排，解答家长的疑惑与顾虑。

（三）征集家长建议

举办学校开放日的目的是联结家庭和学校，为学生营造良好的环境。教师要充分认识到家长参与教育的重要性和必要性，明白家庭和学校双方在教育上都具有共同的责任和平等的权利。一些学校开放日的活动内容是教师从自身的经验出发设计的，很少考虑家长的需要。教师要改变这样的观念，家长并不是简单的活动参与者，家长也是活动的主人。学校方面应该主动向家长说明活动的目的和意图，重视家长的建议和意见。教师应该以积极的态度征集家长对开放日活动的建议，在双方进行对话和沟通的过程中，教师应该体现出真诚和尊重，这不仅是有效沟通的前提，对于建立良好的家校关系也起着至关重要的作用。让家长参与开放日的筹备工作，会让家长更有参与感，大大增强家长们的参与热情，有效提升开放日的效果。

二、开放日进行中的沟通策略

（一）主动与家长联系

教师要以热情、礼貌的姿态迎接每一位家长的到来。在学校开放日的过程中，教师要与家长保持适当的联系，如果家长遇到一些突发问题，教师要第一时间妥善处理，让学生家长有良好的活动体验。在活动中主动联系家长并询问他们的感受，能让家长体会到教师对他们的重视与关心，也为之后的沟通营造一个良好的前提。教师在与学生家长沟通时，必须要尊重家长、善待家长，这是开展交流的基础和前提。在沟通的过程中，教师一旦出现态度生硬、神情倨傲的表现，就会产生适得其反的效果；同时，应以平等的态度给予对待，尤其是针对家长提出的合理建议和观点等，应耐心、虚心接受，共同完成学生的教育工作。

（二）认真倾听

在学校开放日活动中，家长会进入教室随堂听课，教师要为家长安排好位置，让家长能更好地观察教师的教学行为与学生的学习行为。当家长们针对活动发表自己的看法、提出自己的疑问时，教师要扮演好倾听者的角色，尊重并认真倾听家长在活动中的感受，解答家长的疑惑，向家长分享一些家庭教育的方法。家长与教师在平等的讨论、交流中对学生有了更加深入的了解，对学校教育、家庭教育有了更深刻的认识，这样教师和家长都能够在活动中受益。

（三）多谈及学生的进步

教师在遇到本班学生家长时应主动打招呼，释放出自己的善意，时间允许的情况下可以和学生家长谈一谈学生的在校表现。学生是连接教师和家长的纽带，在教师和家长还不太熟悉的情况下，围绕学生展开话题是一个很好的选择。在谈及学生在校表现时教师应采取先表扬后批评的方法，这样既不会让家长在谈话中产生压力，也能让家长了解学生的在校表现，同时还能激起家长的倾诉欲望。同时在谈话过程中教师要让家长感受到你对学生的用心，这样家长会觉得教师是真心关爱自己的孩子，今后会更愿意配合学校和教师的工作。如果在谈话过程中让家长感受到你对学生不上心，那么家长会对你产生一个不好的印象，也就不会愿意配合你的工作。

三、开放日结束后的沟通策略

（一）评价询问家长

学校开放日结束后教师要了解家长对于此次开放日活动的真实感受以及对学

校各项设施和教学管理活动的评价、意见和建议。家长对学校开放日活动及有关学校的评价、感受、建议，一定要收集第一手信息资料，可使用个别访谈与问卷调查相结合的方式。在交流的过程中教师和学校管理者要尊重家长提出的建议并及时对家长提出的问题进行反馈。这样不仅能让家长产生被重视的感觉，也能增强家长日后参与学校活动的积极性，在一定程度上提升开放日活动的成效。

（二）反馈单独沟通

学校开放日活动结束后，教师在与家长反馈交流的时候，可以采用多种反馈方式。在此，必须要强调"一对一"的反馈沟通形式，以增强交流的针对性和深度，有效提升开放日的活动效果。家长和教师可以一起分析学生在学校的情况，比如课堂表现、学习成绩、学习状态、行为品德、心理上的问题，从而增强教育的针对性，交流过程中教师也可以向家长介绍一些有效的教育方法。但由于家长人数较多、时间有限，以个别交流的方式进行沟通难免存在困难。在实际操作中，教师可以根据自己的实际情况适当放宽时间上的限制，安排好与每一位家长的反馈谈话时间。教师在谈话的过程中一定做好充足的准备，要言之有物。在向家长体现自身专业性的同时，也要注意自己的态度与语气，以获得更好的沟通效果和家校情谊的增进。

附录：小学生劳动素养家校共育个案

一、个案的介绍

（一）个案基本情况

F 小学以"允公允能，日新月异"为校训，有着"南开人"的治学精神。南开系列学校，是张伯苓和严修创办的一系列旨在促进中国近代教育发展的学校。F 小学建校于 2012 年，秉承爱国教育家张伯苓先生"允公允能，日新月异"的校训，结合学校的实际情况，确定其办学理念为"富知力行"，重视学生核心素养的培养，追求知行统一，已逐步成为一所"比肩东部，西部一流"的名校。学校追求"兼爱、善教，启未来"的教风以及"乐学、尚行"的校风。该小学教师的发展目标是：一年入格，两年合格，五年优秀，八年骨干；对学生的培养目标是：全面发展、身心健康、学会求知、善于创新、崇尚实践。此外，学校有着借助高校资源、发掘家长潜力的家校共育特色，公能讲堂、南南大舞台、开开梦想银行等活动平台丰富，彰显"进德、立人，怀天下"的学风。

所谓富知力行，"知"是指科学知识，"行"是指实践。即强调学生对知识的学习和积累，注重实践，做到"知行合一"。"知行合一"理论由明朝思想家王阳明首先提出，他认为人认识事物的道理与在现实中运用此道理是密不可分的，本意指道德修养和行为实践方面的关系。这与南开的"允公允能"一脉相承，要求南开的孩子具备爱国、爱群之公德和服务大众之能力。《法言·修身》有云："君子强学而力行。""力行"就是希望 F 小学的孩子将所学知识运用到生活实践中，把所学和所用有机结合起来。让孩子们明白学习不是最终目的，学以致用才是更重要的。重"知"而忘"行"为当前基础教育的通病，要在重视学生知识习得的同时，更加关注学生知识习得的过程。因此，F小学的教学理念重点就在"行"，追求"知行统一"。

（二）个案实施的概况

1. F小学家校共育的活动与方式

F小学设立了多种形式与学生家长进行沟通联系，比如公众号、微信群、家委会、家长会、父母课堂等，且每种形式都相互交融、各司其职，提高了家校沟通的效率，搭建了小学生劳动素养培育的桥梁。

1）家委会

F小学每年级每班都会民主选举学生家长进入家委会，总体来看对家委会的管理还是十分完善的，还制定了相关规范明确规定家委会的职责。家委会的职责分为7大类：财务、宣传、采购、班级文化建设、网络、节目活动、后勤，每类有1～3名家长负责管理。除了这些基本的职责，家委会在对小学生劳动素养培育方面也做了相关工作，"快乐小厨师"活动就是特色范例。学校有专门的厨艺室，家委会会根据班级需求计划菜品类型、准备食材，活动由家长担任每组的主厨和组长，带领学生组员完成。以五年级某班为例，具体工作说明如下。

家委会人员的安排说明

活动前期： 主厨负责跟进该组所有物品的准备情况并上报采购清单给负责人妈妈。

活动中期： 主厨先做一份给孩子看，然后主厨和组长带领孩子一起制作。

活动后期： 主厨和组长带领本组孩子将本组制作的成品给其他小组品尝，过程中注意有序进行，可分批每次带领2～3个孩子进行分享。

活动结束： 家长带领小朋友收拾卫生，所有物品洗净归还。

家委会成员平时主要通过家长微信群、钉钉群等方式发布作业通知，反馈学生在校表现情况，联系、了解、收集其他家长反映的问题并给予解决，如遇到解决不了或需要和学校沟通的问题，会及时整理并向学校有关管理者反映。如需联合家长一起举办家校活动时，家委会成员会根据家委会会议分配下来的任务细化分工。

2）家长会

家长会一般以班级为单位，由班主任负责主持并召开，针对一项或多项主题，采取以教师讲述和传达为主、以家长提问为辅的形式。一般在期末放假前召开，多为近期学校或班级有重大事项要宣布，或学生面临升学，期中、期末考试等。或者在新学期前召开，让家长了解学校及教师新学期的工作安排和工作重点。家长会是班主任、任课教师与家长沟通的常用途径之一，主要是为了准确及时地向全体家长通报学生或学校教学情况、变化、日程。除此之外，班主任、任课教师与家长的沟通途径主要是通过电话、微信等媒介，或叫家长到学校当面沟通，或将情况反映给各班家委会，由家委会与家长进行协调。一般这些情况主要为个别学生出现问题，教师需要家长的协助。

3）父母课堂

父母课堂由学校聘请家庭教育专业人士来讲授，覆盖了低中高段所有的年级，家长自愿报名参加，一学期开展的次数根据具体情况而定。父母课堂交流的内容广泛，根据不同的年级、讲座主题和家长群体来确定，涉及培养学生良好的行为习惯、家庭教育、夫妻关系、心理健康、亲子关系、学习动机等方面，如附图 1.1、附图 1.2 所示。在父母课堂上，家长不只是聆听者，还是参与者、交流者，和教师一起参与各个话题的探讨，共同学习。父母课堂结束后，要收集家长的反馈表（附表 1.1），家长填好后交给班主任。总体来讲，家长们的参与度较高。

附图 1.1　父母课堂之读书交流会　　附图 1.2　父母课堂之家庭教育公益讲座

附表 1.1　"父母课堂"学习反馈表

本期父母课堂讲座主题：父母如何助力孩子小学的成长
＿＿＿年级 ＿＿＿班　　学生姓名：＿＿＿＿　　家长姓名：＿＿＿＿
参加了此次学习，您的收获是：

您以及您的家人、孩子需要心理咨询和情绪疏导吗？ 很需要（　　）　一般（　　）　不需要（　　）
您希望参加家长读书会吗？ 很需要（　　）　一般（　　）　不需要（　　）
您在孩子的教育过程中有哪些困惑？
您还希望父母课堂讲座涉及哪些内容？

此外，学校还通过学校开展的特色活动、公众号、倡议书、好书推荐、主题班会、升旗仪式等方式，建立起教师与家长沟通交流的桥梁。比如学校在公众号上专门有一个"家校共育"的专栏，主要向家长们普及一些科学的育人知识，让家长们了解孩子，也认识自己。这个专栏的内容有"父母是孩子永不退休的老师""和孩子这样沟通才有效""做一个智慧的家长"等。学校的基本活动、校园新闻等，也会以公众号的形式发出。

由此看来，F小学与家庭丰富的沟通形式有利于家长参与到学校工作中来，保持目标一致，共同对学生进行教育，且每种形式都相互交融、各司其职，提高了家校沟通的效率。通过这些活动，家长与家长、家长与学生、家长与教师、家长与学校之间都能得到充分的沟通和了解，培养共同教育儿童的默契，共同寻找教育效果最好的方式。

2. 家校共育中劳动教育活动的开展

在素质教育背景下，学校积极响应德智体美劳全面发展理念的号召，对小学生开展劳动教育。从劳动教育开展的内容来看，主要以体力劳动为主，学校开展劳动教育的方式和活动也较丰富。

1）日常班级管理渗透劳动教育

劳动教育贯穿在学生校园生活的方方面面。首先，班级的清洁劳动、个人物品整理等。学生做教室清洁有两个阶段，分别是午饭后和下午放学后。对于一年级学生来说，一开始家长要到学校来配合学生完成清洁工作，直到学生基本能够独立完成学校的清洁劳动。对于中高年段的学生，午饭时轮流给全班同学打饭、午间清洁、下午清洁都由学生独立自主地完成，如附图1.3、附图1.4所示。在这些过程当中，教师要适当地去规范学生的劳动行为，从而逐渐培养学生的劳动能力，使学生养成良好的劳动习惯。

附图1.3　为全班服务的劳动者们　　　　**附图1.4　午饭后的劳动**

其次，学生需要整理自己的"一亩三分地"，收拾课桌、书本、自己位置的垃圾等。在日常的校园作息中，学生通过对自己"一亩三分地"的管理，能锻炼基本的自理能力。教室的环境布置也体现了劳动教育的理念，比如教室的植物角需要当天的值日生照看，教室墙面贴的标语"劳动最光荣"的图片等，环境的创设植入了劳动意识的因素，有利于学生形成对劳动的正确认识。

2）开展劳动教育活动

"快乐小厨师"活动是家庭积极参与F小学劳动教育实施的特色范例，这个活动号召所有学生和家长一起进入厨房，学做一名小厨师。每学期全年级各个班轮流在厨艺室做一顿午饭代替学校的午饭，享受劳动成果。学校有专门的配备齐全的厨艺室，食物的准备则由每个班级的家委会轮流负责，会根据不同班级的情况和学生的需求准备丰富的食材。每班每一组有一至两名带头家长，家长们引导并带领学生参与食物的制作过程，如附图1.5、附图1.6所示。在这个过程中学生们动手体验、互相交流，在实践中培养一定的劳动能力，体会劳动的快乐。

除此之外，学校还开设了"小农庄"供学生栽种，让学生体会不同形式的劳动实践，全方位构建学生的劳动素养，如附图1.7所示。学校两周开展一次劳动小活动，对于寒暑假，学校还制定了专门的家政自理目标，规定了一到六年级的学生每学期应该学会的劳动技能。比如一年级上期学生要学会系鞋带、穿衣、整理书包；一年级下期学生要学会洗头洗澡、用电饭煲煮饭；二年级上期学生要学会饭后整理餐桌、清洗碗筷、学会煮汤圆或饺子。可见，学校安排的家政自理目标会随着学生年龄的增加逐步提高劳动技能的复杂性，这些要求则通过自评、家长评、教师评的评价方式来反馈家政自理目标的达成情况。

附图 1.5　包饺子

附图 1.6　制作麻辣烫

3）主题性实践活动

学校会根据不同的活动周或节日，开展相关主题的体验活动，加入劳动教育的因素。比如国庆节期间，学生的语文家庭作业是设计一些贴合节日主题的内容，设置"动手实践类"作业，让学生在假期完成。在五一国际劳动节放假期间，会以劳动为主题，分为劳动、交流、体验、务农、实践、付出以及创造几个板块，让学生在实践中体会劳动的艰辛与不易，将热爱劳动的精神从细节上落实。为落实以"两城同创"为主题的精神，学校还组织开展了"我志愿、我服务"的社区义务劳动动员会（附图 1.8），动员会以创建全国文明城区为目标，使志愿服务制度化，市民提高文明素质、养成文明行为，向孩子们介绍义务劳动的意义，确保社区义务劳动活动能够顺利开展。用这种通过学生带动家长、小手拉起大手的方式，使全校师生共同参与到"两城同创"工作中来，在义务劳动中收获幸福。

F 小学五年级国庆作业（部分）：
送你一份国庆"大礼包"

亲爱的同学，恭喜你取得一定进步，谢谢你的努力和坚持，也请将这份努力和坚持带到国庆假期中。你知道的，拉开差距其实就是在看不见的地方，请存储光芒，七天后，释放你的"小太阳"。

动手实践类作业：

1.每天早上读英语 10 分钟，每天体育锻炼 1 小时，完成钉钉李老师的打卡任务。

2.为了祝伟大的祖国国泰民安，请同学们在10月1日做一碗独具特色的面，可以摆盘，完成后拍照发在微信群。

3.每天负责家里的卫生，整理房间。

4.不离渝，周边红色旅游走一走、拍一拍，别忘记分享美照。

其他：

1.注意假期安全，生命比一切都重要。

2.完成科任老师的作业（保质保量）。

（以上作业完成后，请家长签字）

附图1.7 "小农庄"基地

附图1.8 社区义务劳动动员会

4）学科教学渗透劳动教育

劳动教育有自己的特点，但它与其他"四育"绝不是割裂的，劳动教育可以通过综合实践课，也可以在其他科目的教学中呈现出来。学生们在科学课上的"小种植"活动，是学校把劳动教育渗透进学科的体现，是学校实施"五育融合"的特色之举。"小种植"活动（附图1.9、附图1.10）既让学生知道了科学知识，又让学生动手动脑，在做中学，体会到劳动后收获的成就感。大自然是活教材，处处蕴含着教育的契机，孩子们在种植与采摘的过程中积累了经验和知识，通过采摘体验劳动，品尝劳动果实。

其次，综合实践活动课程中有关于劳动与技术教育的内容，教师将根据不同年级学生的特点设计课程以进行讲解。F小学开展了形式多样、丰富多彩的综合实践活动，每周开设1小时综合实践课，其内容主要包括考察与探究、社会服务、设计与制作、职业体验四大领域。使学生能从个体生活、社会生活及与大自然的接触中获得丰富的实践经验，形成并逐步提升对自然、社会和自我之内在联系的整体认识，具有价值体认、责任担当、问题解决、创意物化等方面的意识和能力。五年级综合实践课程的目录为"寻找红岩精神""红领巾爱心义卖大行动""纸模服装的设计与评价""我的性格特点""走进场馆去学习""自己来设计制作一本书"六个主题活动。

附图1.9 科学"小种植"

附图1.10 观察蔬菜

3. 家校共育中学生劳动素养的评价方式

中共中央、国务院印发的《关于全面加强新时代大中小学劳动教育的意见》（以下简称《意见》）明确提出，要健全劳动素养评价制度，将劳动素养纳入学生综合素质评价体系，把劳动素养评价结果作为衡量学生全面发展情况的重要内容。可见，劳动教育的总体目标就是提高学生的劳动素养，劳动素养评价是中小学劳动教育实施的重要环节。

学校目前还没有专门针对学生劳动素养的评价体系，但是在学生劳动行为的发展和综合素质等方面有一定的评价和记录。一是通过班级群、微信公众号等方式展示学生参与劳动的成果，这些劳动成果会跟随学校开展活动的类型产生变化。比如F小学规定的家政自理目标，学生完成后会把自己的劳动成果发在群里。一些主题性的劳动实践活动，学生也会根据主题完成实践并拍照发在群里，教师会根据相应的情况做出口头评价，如附图1.11、附图1.12所示。

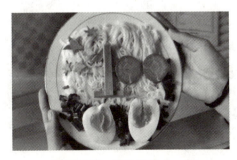
附图1.11 学生作品（一）

附图1.12 学生作品（二）

二是学生道德（劳动）行为发展评价手册，分为1—2年级和3—6年级，每月评一次，主要是家长参评，评价的主要内容涉及"爱党爱国""遵规守纪""诚实守信""尊重他人""热爱劳动""环保行为"六个维度，其中"热爱劳动"维度涉及自理能力、整理房间、勤做家务等方面。评价表列举了与学生层面相对应的一些行为表现，家长对孩子的这些行为表现打出相应的等级，见附表1.2。从表中可以看出，学校对学生劳动行为的评价主要围绕"整理房间""勤做家务"两方面，注重学生的劳动行为。

附表1.2　学生道德（劳动）行为发展家长评价表（局部）

维度	要点	行为表现			
热爱劳动	整理房间	不整理自己的房间	一月至少整理一次自己的房间	一周至少整理一次自己的房间	经常整理自己的房间和物品
		A	B	C	D
	勤做家务	不做任何家务	在家人的要求下偶尔做一下家务	每周至少做一次家务劳动	每天坚持至少做一项家务劳动
		A	B	C	D
环保行为	节约用电	在家没有随手关闭电源的习惯	不使用家用电器时，在家人的提醒下能够关闭电源	不使用家用电器时能主动关闭电源	不使用家用电器时能主动或提醒家人关闭电源
		A	B	C	D
	爱护环境	外出时不自备纸巾或垃圾袋，垃圾随手乱扔	外出时偶尔自备纸巾或垃圾袋	外出时经常自备纸巾或垃圾袋	外出随身自备纸巾或垃圾袋，环保意识强
		A	B	C	D

三是学生综合素质成长手册，学校对学生综合素养的系统评价机制编制在学生综合素质成长手册中，里面包含对学生文明礼仪、学习习惯、家政自理、综合实践、身体素质运动能力、学业水平、兴趣特长七个方面的评价。其中涉及学生劳动素养的有"家政自理""综合实践"板块，见附表1.3。每个板块的表现每学期有自评、家长评、教师评，等级分为"优""良""达标""再努力"。每学期所评价的内容会根据学生的年龄阶段或综合实践的主题，发生相应的变化。"家政自理"除了教师平时的反馈外，还有表格形式的多主体评价。

附表 1.3　学生综合素质成长手册评价表（局部）

年级	评价提示			评价方式	优、良、达标、再努力
二年级上册	家政自理	1.学会饭后整理餐桌 2.学会清洗碗筷 3.学会煮汤圆或饺子		自评	
				教师评	
				家长评	
	综合实践	实践活动	做一次社会志愿者服务（交通安全、文明行为劝导员）	自评	
				教师评	
				家长评	
		小脚丫活动	重庆科技大学（原重庆科技学院）：参观实验室，写成长日记谈收获	自评	
				教师评	
				家长评	
二年级下册	家政自理	1.学会独立整理自己的衣柜 2.学会煎鸡蛋		自评	
				教师评	
				家长评	
	综合实践	实践活动	管理家里一天的开支	自评	
				教师评	
				家长评	
		小脚丫活动	大学城美术学院：参观大学生作品展，找到自己觉得最有意思的作品	自评	
				教师评	
				家长评	
三年级上册	家政自理	1.学会洗内衣、袜子、红领巾等 2.学会蛋炒饭		自评	
				教师评	
				家长评	
	综合实践	实践活动	观察并记录一次种子萌芽、生长的过程	自评	
				教师评	
				家长评	
		小脚丫活动	红岩魂广场：祭奠英烈，了解他们的事迹，写一篇感想	自评	
				教师评	
				家长评	

二、个案的反思

（一）成功经验

1. 学生实践活动参与度较高

F 小学开展的多种家校共育活动拉近了家庭与学校的距离，提升了家庭与学校的共育效率。在开展劳动教育实践活动时，家长也参与了进来，学校利用家庭这个平台培养了学生应在家中学会的一些劳动技能和劳动习惯。在父母以及学校的陪伴与指导下，学生们体会到了劳动创造美的真谛，也通过不同活动体验到了不同的劳动方式。学校有计划、有组织地开展各类活动，将"我劳动，我光荣"的思想深入人心，并带动了每个学生家庭的实际行动，通过这些活动有利于学生在实践、合作中培养劳动技能、树立正确的劳动观念。种植、厨艺、清洁、综合实践课等实践活动以丰富多样的形式呈现在学生面前，学生参与劳动的热情更高了。家庭和学校的共同合作，有利于学生在家庭和学校的双重环境中，潜移默化地养成劳动的习惯，学会一些生活劳动技能，为学生劳动素养的提升提供一个坚实的后盾。

2. 评价主体多元化

《意见》指出，要将学生的劳动素养纳入学生综合素质评价体系，F 小学在对学生综合素质的评价中虽然没有涉及学生劳动素养的内容评价，但是把学生的一些劳动行为、家政自理目标的完成情况纳入学生综合素质评价体系（见附表1.3），形成了对学生的多元评价模式。

F 小学通过班级群、微信公众号、评价手册等方式展示学生参与劳动的成果，将劳动最光荣的思想内化到学生们的实际行动中。劳动教育评价不仅是劳动结果的成效，更重要的是学生在劳动过程中劳动素养的展现，多样化的评价有利于从不同角度去观察学生的劳动行为以及劳动成果。

教师、家长以及学生都参与了对自己劳动行为的评价。比如 F 小学在对学生综合素质的评价中，学校罗列出各年级学生"家政自理""综合实践"板块的内容清单，要求教师以及家长监督、评价、反馈，促使家长对自己孩子的劳动素养进行关注，对学生表现进行评估和鼓励，同时学生自评也培养了学生的自主意识，了解并反思自身的素养，有利于发挥学生的主体作用。

3. 家校共育的局面逐步形成

家庭教育资源是学校教育的重要补充，F 小学"快乐小厨师""家政自理"主题性实践等系列活动的很多活动环节，都是家庭成员和学生共同完成的。让家长实地参与劳动教育活动当中，加强了学校和家庭的沟通和联系，促进了亲子劳动联盟的形成。如 F 小学设置了本校的"家政自理目标"，不同年级的学生每学期需要学会做一道菜、整理个人物品等。基本的劳动习惯都需要在日常生活中培养，家务劳动是重要的劳动教育资源，学生的参与可以使他们在日常生活中养成爱劳动的好习惯，真正激发学生的劳动兴趣，帮助学生树立劳动意识。

通过这些活动的开展，形成了学校主导、家庭参与的共育局面。对于完成的部分作品，学生通过采用日常打卡的形式，拍摄各种形式的小视频分享在微信群里，慢慢形成劳动自觉。这丰富了他们的居家生活，激发了他们勤于动手、热爱劳动的热情，形成了自理、自立、自尊、自信的良好风尚。通过观察学生们完成的劳动成果以及行为过程，可以看出学生们拥有了基本的自理能力、劳动能力。学校建立居家亲子劳动联盟，鼓励亲子共同参与家庭中的各种家务，增进亲子关系，营造更加和谐的家庭氛围，促进家庭、学校全方位育人的实施。

（二）出现的问题

1. 教师与家长对劳动素养的认识存在偏差

劳动素养是包括劳动观念、劳动能力、劳动习惯和品质、劳动精神等基本内容的综合素养。尽管国家对劳动教育的重视程度在逐步加深，但部分教师和家长还是缺乏对劳动教育、劳动素养的清晰认识，窄化了劳动素养的涵义，把劳动素养片面理解为学生的劳动能力，就容易在学校开展劳动实践活动或者在家庭劳动过程中忽略学生劳动观念、劳动意识、劳动精神等方面的培养。虽然小学生的劳动教育以体力劳动为主，但绝不是局限于体力劳动，下面是研究者对部分教师和家长的访谈内容，可以看出他们对劳动素养的认识不够全面。

> **访谈者**：您所理解的小学生劳动素养是指哪些方面？
>
> **B1 家长**：就是看他劳动技能如何吧，比如整理房间、做点手工、学做饭这些都是劳动吧，但不仅仅是体力劳动层面的。
>
> **B4 家长**：我理解的劳动素养应该是对孩子动手能力的培养，平时让孩子

洗洗碗、扫扫地等，培养一下基本的劳动能力，通过这些让孩子明白凡事付出了才有回报。

以上是两位家长对劳动素养的看法，可见他们对学生劳动素养的理解是比较模糊的，有各自不同的理解，还可能把名词"劳动素养"简单理解为动词"劳动"，说明部分家长对劳动素养的认识程度还比较浅显，关注度还不够。

访谈者：您认为要提升学生的劳动素养，教师和家长应该怎么做？

A3 教师：我在日常管理中会有相关的培养，引导孩子每人准备一个小桶、一张毛巾，每天让学生学会管理好自己的一亩三分地。家长在家中应该让孩子多进行家务活动（整理房间、洗碗、拖地、抹桌子）或者适当地参加社区服务活动（参与垃圾分类宣传与实践等），不要让孩子成为高分低能的人。

A2 教师：教师可以让学生通过班级值日提升，家里就是做家务，周末去看下大自然。

A10 教师：我认为学生的劳动意识是特别重要的，不仅是学生，包括教师和家长都要注意，不能仅仅是完成学科类的东西，应该要结合。对这方面进行的考评还没怎么量化，创造性劳动适合较高年级。

从以上内容可以看出，部分教师提升学生劳动素养的方法大多停留在对学生劳动能力、劳动技能方面的锻炼，学生的劳动观念、劳动习惯等劳动素养被忽略。有的教师表示自己也不是很清楚劳动素养的内容，只是从小学生在学校的日常劳动中关注、理解劳动教育。

2. 家长的参与缺乏主动性

开展劳动教育的总体目标是提升学生的劳动素养，家长们在参与学生劳动素养的培育中缺乏主动性，主要表现在两个方面：一是在家庭环境中，家长对学生劳动素养的关注较少，对于学校布置的家庭劳动任务，可能只是简单应付。二是在学校开展的劳动教育实践活动中，部分家长也只是被动地听从学校或教师的安排，较少主动交流或询问劳动实践活动的意义、如何落实学生的劳动、培养学生哪方面的素养等。从下面的访谈内容可以看出，有些家长因为本身不重视或者太忙，比较被动地去配合学校的要求，个别溺爱孩子的家长的做法甚至与学校的理念相违背。

访谈者：就该校开展的劳动教育活动，需要家长参与时，家长的配合程度怎么样？

A6 教师：大部分家长还是配合的，有些家长不配合，因为工作忙或者本身不太重视。家长应该全力支持教师在教学中给孩子布置的任务，家长也不能溺爱孩子，需要让孩子在家做力所能及的事情。

A7 教师：学校开展的需要家长参与的劳动教育活动的效果还是比较良好的，比如小厨师活动，一半的孩子能够完成。

A4 教师：学生学业负担重，有些家长也轻视弱化劳动教育，宁愿让孩子多做点作业或者出去玩，也不愿意带领孩子做事情，所以孩子、家长的意识都不够，部分家长的配合程度就不太乐观。

A1 教师：厨艺课每年都要开展，家长蛮愿意到学校来看孩子的表现，因为他觉得这是与孩子相处和了解学校的机会。可能重视的家长在平时生活中方方面面都在培养，而不重视的或者说不了解的家长可能就忽略了。有的孩子自己照顾自己的能力就很差，甚至有二三年级的连鞋带都不会系。

访谈者：您主动参与孩子在校或在家的有关劳动教育的活动吗？

B7 家长：我还是会配合学校或者教师的要求，有关劳动方面，孩子要力所能及才行，比如我孙女读一年级，平时放学我会帮她背书包，书包很重，孩子没必要自己承担，做清洁也是，家长一开始肯定要帮忙的。

B11 家长：教师有任务的话肯定会配合，平时工作有点忙，无力分心督促孩子的劳动。孩子们回家吃了饭写完作业休息会就要忙着睡觉了。

3. 劳动素养的评价机制还不太完善

首先，F 小学虽然有较丰富的劳动教育实践活动，也设定了一定的目标，有了相关的评价指标，但活动前的交流准备和活动后的讨论反思没有很好地体现在评价标准中，忽略了反思的交流分享环节是对劳动教育活动的总结升华。其次，缺乏具体的针对劳动素养的评价标准。如学校要求学生每学期学做一道菜，并把"作品"发在群里，可以看出在对这个活动的评价中更注重结果，但不够重视过程性评价。在"快乐小厨师"活动中，我们能看见学生在活动过程中的实践环节以及学生们的操作过程，但是活动带给了学生什么，着重培养学生哪方面素养的目标评价体现得不够明确与充分。

访谈者：学生参与了学校举行的活动或完成实践任务后，怎么去评价他们的完成度呢？或者怎么看（判断）学生已经达成了目标？

A5教师：这个东西是显性的，应该很好评价。他自己会做的话，在平时生活中就可以从他的行为看到，比如看书包摆放的顺序。

A3教师：学做饭是学生每个寒暑假在家里做，然后拍照传到群里。

访谈者：一学期结束之后有没有学生劳动素养总的评价？

A5教师：这个还没有这么正式，可以通过平时的行为看出来，随机地去检查孩子们的实践结果。高年级做饭、整理房间、衣服的话可以通过录视频发群里、写作文的方式观察，有些学生还会通过什么道具来帮助快速整理。

访谈者：家长的配合情况如何？有没有主动反馈或询问？

A5教师：家长一般都很乐意配合，因为有机会了解学校、与自己的孩子交流，但是部分家长的共育意识还是不太够的，活动结束后不太会主动交流孩子在劳动素养方面的内容。

三、小学生劳动素养家校协作共育的启示

（一）教师和家长树立正确的劳动教育理念

不管是家庭教育还是学校教育，家长和教师的劳动观和劳动教育观会潜移默化地影响学生形成正确的劳动价值观。若劳动教育的价值无法得到普遍的认知，小学生劳动素养的培育将可能流于形式。因此，要促进小学生劳动素养的发展，需要教师与家长两大教育主体树立正确的劳动教育理念，身体力行，形成崇尚劳动的家风、校风和社会风气，不断更新教育理念，提高自身的劳动素养。只有作为教育主体的教师与家长深刻明白劳动创造价值、可以"以劳树德"，那么学生才可以在这种氛围中形成劳动意识，迸发强烈的劳动情感，用强有力的劳动意志实现劳动目标，在培养劳动能力的同时形成和发展学生的劳动素养。

（二）把学生劳动素养的提高作为重要的活动目标

在学校和家庭开展劳动教育的过程中，应将劳动素养的目标贯穿在实施的全过程，劳动教育不仅仅只对学生传授劳动知识或技能，最重要的是要让学生能够

将获得的劳动知识和技能应用到日常生活中去。在不断的实践过程中，养成良好的劳动习惯和品质、形成正确的劳动观念、深化对劳动的认知理解，这也就真正提升了学生的劳动素养。学生参加劳动的途径、机会、方式固然重要，但最重要的是去关注学生在劳动行为中形成的思想观念，学生能够体会到劳动是创造幸福的手段、是光荣的，从而在今后的生活中才能够尊重劳动人民，以成为一名合格的劳动者为人生追求的目标。

（三）发挥教师和家长的榜样示范作用

F小学在开展"快乐小厨师"活动时，很多家委会的家长带领学生制作美食，家长们不光是嘴上指导，更是通过亲身示范向学生们展示制作的技巧、做菜品的全过程。在劳动教育中，家长和教师同样可以运用以身作则的道理，去提升学生的劳动素养，学生看见家长和教师知行合一，就不会觉得自己是被命令或是被要求去劳动，生活中有自己的榜样，学生的兴趣就容易被激发。在家庭中，家长可以亲身示范平时应该注意的一些劳动习惯，适当引导孩子自己的事情自己做或做力所能及的家务，根据孩子的行为适时鼓励孩子并给予反馈，让其在评价中进步，明白劳动的重要性。在学校中，比如手工制作类的活动，教师可以录制自己制作的全过程展示给学生，教师通过亲身劳动示范更能向学生传达教师的劳动态度、劳动认知、劳动知识技能及劳动情感。

（四）指导家长开展劳动教育

劳动教育离不开家庭的积极参与，不同的家庭有不同的家风、教养方式、教育理念、家庭结构等，一定程度上会影响劳动教育的实施。目前，家庭对学校劳动教育产生负面影响的主要原因有两点：一是家长溺爱，学生参加的劳动机会较少，无法在劳动过程中获得相应的技能和价值观。二是家长观念有偏差，重智育、轻劳育。对此，学校要对家长进行培训，从转变家长观念入手，开展教育活动，用案例启发家长，用行动引领家长，促成共识，形成家校合力。F小学的父母课堂可以向家长宣传科学的教育观念、劳动教育的不可替代的价值。家长进步较大，能有效推动家校齐心共抓劳动教育的局面。

（五）加强实境式体验教学

家校合作视角下开展劳动教育要落到实处，结合学生的多样化需求，真正让学生得到多样化的体验。学生在体验式教学中能够真正将劳动的感受铭记于心，得到成长。家校合作开展劳动教育应该更注重实际体验，为此，学校可以组织举办劳动游戏、生活劳动、职业模拟等活动，让家长作为实际参与者跟学生一起体验活动带来的辛苦之后的快乐与成就感。除此之外，学校还可以联合家长成立家校专项劳动的活动队，让孩子在真实的场景中体验，由浅入深地逐步提高学生的劳动意识和技能。在家校合作开展劳动教育时，不能让合作流于形式，应切实提高家长主体的深度参与，为劳动教育实效的提高作出努力。

参考文献

（一）著作类

[1] 顾明远，孟繁华.国际教育新理念 [M].海口：海南出版社，2001.

[2] 吕行.言语沟通学概论 [M].北京：清华大学出版社，2009.

[3] 莫琳·T.哈里楠.教育社会学手册 [M].傅松涛，等译.上海：华东师范大学出版社，2004.

[4] 丹尼斯·麦奎尔，斯文·温德尔.大众传播模式论 [M].祝建华，译.上海：上海译文出版社，2008.

[5] 菲利斯·M.寇里克，金柏莉·A.卡克斯，凯西·罗伯逊.托幼机构管理 [M].韦小冰，译.北京：北京师范大学出版社，2007.

[6] 李锡元.管理沟通 [M].武汉：武汉大学出版社，2005.

[7] 张东娇.教育沟通论 [M].太原：山西教育出版社，2007.

[8] 乔伊斯·L.爱普斯坦.学校、家庭和社区合作伙伴：行动手册 [M].吴重涵，薛慧娟，译.南昌：江西教育出版社，2013.

[9] 马忠虎.家校沟通 [M].北京：教育科学出版社，1999.

[10] 吴重涵，王梅雾，张俊.家校沟通：小学生家长行动手册 [M].南昌：江西教育出版社，2014.

[11] 黄河清.家校合作导论 [M].上海：华东师范大学出版社，2008.

[12] 殷飞.班主任的家校沟通 [M].上海：华东师范大学出版社，2017.

[13] 陈鹤琴.家庭教育 [M].北京：中国青年出版社，2012.

[14] 汤林春，郁琴芳.家校合作 50 例——区域设计与学校智慧 [M].上海：华东师范大学出版社，2018.

[15] 李培明.家校合作心理健康教育探索 [M].杭州：浙江大学出版社，2007.

[16] 张坤霞.家校合作教育研究 [M].徐州：中国矿业大学出版社，2009.

[17] 王怀玉.小学家校沟通的艺术 [M].北京：中国轻工业出版社，2018.

[18] 龙小华.教师礼仪修养 [M].武汉：华中师范大学出版社，2013.

[19] 段滨.学生教师与家长沟通的 33 个技巧 [M].北京：中国轻工业出版社，2017.

[20] 李小波.与家长有效沟通的 40 条核心建议 [M].北京：世界知识出版社，2017.

[21] 郭娅玲，黎钰林.教师礼仪 [M].长沙：湖南师范大学出版社，2017.

[22] 罗伟娟.关于学校沟通内容和形式的研究 [M].上海：华东师范大学出版社，2006.

[23] 马忠虎.基础教育新概念——家校合作 [M].北京：教育科学出版社，2001.

[24] 黄河清.家校合作导论 [M].上海：华东师范大学出版社，2008.

[25] 魏书生.与父母对话家庭教育 [M].南京：河海大学出版社，2005.

[26] 吴重涵，王梅雾，张俊.家校合作：理论、经验与行动 [M].南昌：江西教育出版社，2013.

[27] 吴奇程.家庭教育学 [M].广州：广东高等教育出版社，2001.

[28] 联合国教科文组织（UNESCO）.反思教育：向"全球共同利益"的理念转变 [M].北京：教育科学出版社，2017.

[29] 张东娇.教育沟通论 [M].太原：山西教育出版社，2007.

[30] 石中英，王卫东，马忠虎.基础教育新概念：家校合作 [M].北京：教育科学出版社，1999.

[31] 何瑞珠.家庭学校与社区协作：从理念研究到实践 [M].香港：香港中文大学出版社，2002.

[32] 马克斯·范梅南，巴斯·莱维林.儿童的秘密：秘密、隐私和自我的重新认识 [M].陈慧黠，曹赛先，译.北京：教育科学出版社，2004.

[33] 内尔·诺丁斯.学会关心 [M].于天龙，译.北京：教育科学出版社，2014.

[34] 苏霍姆林斯基.给教师的建议 [M].周蕖，王义高，刘启娴，等译.武汉：长江文艺出版社，2014.

[35] 陈向明.质的研究方法与社会科学研究 [M].北京：教育科学出版社，2000.

[36] 缪建东.家庭教育学 [M].北京：高等教育出版社，2015.

[37] 杨启光.学校教育变革中的家庭参与问题的研究 [M].南京：河海大学出版社，2015.

[38] 张国超，曹建，何静.家校合作教育研究和指导 [M].广州：广东高等教育出版社，2016.

[39] Joyce L. Epstein.School, Family, and Community Partnerships: Preparing Educators and Improving Schools [M].Boulde:Westview Press,2001.

[40] Annette Lareau. Home Advantage: Social Class and Parental Intervention in Elementary Education [M].Washington DC: Rowman & Littlefield Publishers,2000.

[41] Hugh Mehan.Constructing School Success: The Consequences of Untracking Low Achieving Students [M]. Cambridge: Cambridge University Press,1996.

[42] Raftery J N,Grolnick W S, Flamm E S. Families as facilitators of student engagement: Toward a home-school partnership model[M].Handbook of research on student engagement. Springer,Boston, MA,2012.

（二）期刊类

[43] 陈香夙.家校之间：没有真实表达，难有真诚合作 [J].人民教育，2021（24）.

[44] 高婷.家校合作让学生减负落地生根 [J].教学与管理，2020（23）.

[45] 康翠萍，徐冠兴，魏锐，等.沟通素养：21 世纪核心素养 5C 模型之四 [J].华东师范大学学报（教育科学版），2020（2）.

[46] 谭正海.将家校联系簿打造成家校沟通的桥梁 [J].教学与管理，2019（35）.

[47] 李哲，张敏强，黄菲菲，等.家校合作对青少年学业成绩的影响：一个有调节的中介模型 [J].心理科学，2019（5）.

[48] 李臣.小学家校微信沟通中教师的价值引导力研究 [J].教学与管理，2019（9）.

[49] 杨青.社交平台在家校沟通中应发挥更积极作用 [J].中国教育学刊，2018（1）.

[50] 傅维利.论家校微信交流冲突中教师的角色担当 [J].中国教育学刊，2017（10）.

[51] 仪萍萍.巧妙实现家校沟通 [J].教学与管理，2012（35）.

[52] 唐汉卫.交叠影响阈理论对我国中小学协同育人的启示 [J].山东师范大学学报（人文社会科学版），2019（4）.

[53] 边玉芳，田微微.对家长教育问题的思考与对策——基于《全国家庭教育状况调查报告（2018）》部分结果解读 [J].中国德育，2019（3）.

[54] 吴重涵，张俊，王梅雾.是什么阻碍了家长对子女教育的参与：阶层差异、学校选择性抑制与家长参与 [J].教育研究，2017（1）.

[55] 边玉芳，周欣然.家校互动不良的原因分析与对策研究 [J].中国教育学刊，2019（11）.

[56] 郑杏月，武新慧.微信互动实践视角下的家校共育 [J].教学与管理，2020（7）.

[57] 陈乾坤，邹硕，刘勇.基于微信公众平台的个性化家校互动 [J].发明与创新（教育信息化），2014（2）.

[58] 林森.基于微信公众号的家校互动创新实践 [J].中小学德育，2020（1）.

[59] 李莎莎，龙宝新.家校共育存在的问题及破解路径——基于第三空间视角 [J].当代教育科学，2023（5）.